ENNEAGRAMM & PERSÖNLICHES WACHSTUM

Das Psychologiebuch über menschliches Verhalten und Persönlichkeit Psychologie für die persönliche Entwicklung

Kapitel 1 - Was ist das Persönlichkeits-Enneagramm?

- WAS SIND DIE NEUN TYPEN DES ENNEAGRAMMS?
- ENNEAGRAMM TYP 1: DER PERFEKTIONIST
- ENNEAGRAMM TYP 2: DER GEBER
- ENNEAGRAMM TYP 3: DER STREBER
- ENNEAGRAMM TYP 4: DER INDIVIDUALIST
- ENNEAGRAMM TYP 5: DER FORSCHER
- ENNEAGRAMM TYP 6: DER SKEPTIKER
- ENNEAGRAMM TYP 7: DER ENTHUSIAST
- ENNEAGRAMM TYP 8: DER HERAUSFORDERER
- ENNEAGRAMM TYP 9: DER FRIEDENSSTIFTER

Definition und Bedeutung

Das Enneagramm ist ein System von Persönlichkeitstypen, das zeigt, wie Menschen über die Welt denken und wie sie mit ihren Gefühlen umgehen. Im Enneagramm gibt es neun Persönlichkeitstypen. Jeder Typ wird in einem Neun-Punkte-Diagramm dargestellt, das zeigt, wie die verschiedenen Typen miteinander interagieren.

Enemagramm: Das griechische Wort für "neun", "gramma" und "ennea" stammen alle von dem Wort "neun" ab. Der Name kommt von dem Wort "gramma".

Was sagt uns das Enneagramm?

Im Enneagramm gibt es neun Menschentypen, und jeder hat eine Grundüberzeugung darüber, wie die Welt funktioniert. Ihre tiefsten Beweggründe und Ängste werden von dieser Grundüberzeugung bestimmt. Dieser Glaube prägt ihre Weltanschauung und die Art und Weise, wie sie die Welt und die Menschen um sie herum sehen.

Unsere Grundüberzeugungen sind nicht immer richtig, aber sie können sehr einschränkend sein und als "Scheuklappen" für Menschen wirken. Wenn wir unseren Enneagramm-Typ verstehen und wissen, wie er die Art und Weise beeinflusst, wie wir die Dinge sehen, kann uns das helfen, die Dinge klarer zu sehen und mit Situationen effektiver umzugehen.

Die Enneagramm-Typen helfen uns zu verstehen, warum Menschen so handeln, wie sie es tun. Jeder Enneagramm-Typ hat eine Reihe von Grundüberzeugungen, die Sie immer dazu bringen werden, bestimmte Dinge zu tun und bestimmte Entscheidungen zu treffen. Wenn wir den Enneagramm-Typ einer Person kennen, können wir ihr Verhalten oft auf eine sinnvolle Weise verstehen.

Das Enneagramm kann uns auch helfen zu verstehen, wie Menschen auf Stress reagieren, was uns helfen kann, sie besser kennen zu lernen. Das Enneagramm zeigt, wie jeder Enneatyp sowohl auf stressige als auch auf unterstützende Situationen reagiert und sich anpasst. Dies zeigt, wie jeder Enneatyp wachsen kann, und hilft, die anderen zu verstehen.

Das Symbol des Enneagramms verstehen

Das Enneagramm besteht aus einer Form mit neun Punkten. Es hat einen äußeren Kreis mit neun Punkten (Persönlichkeiten), die im Uhrzeigersinn nummeriert und gleichmäßig verteilt sind. Die neun Punkte sind ebenfalls nummeriert.

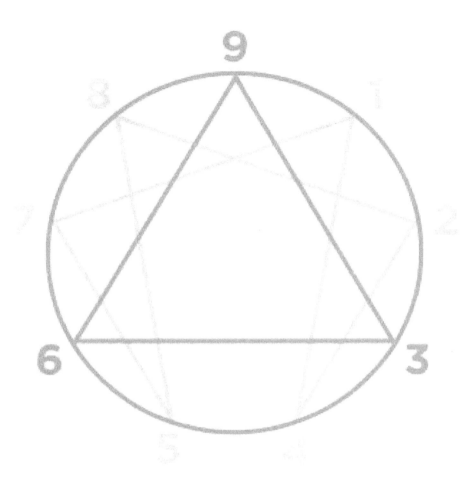

Es gibt auch ein Dreieck zwischen den Punkten 9, 3 und 6. Es gibt auch ein unregelmäßiges Sechseck, das die anderen Punkte verbindet, aber es ist nicht sehr gerade. Der Kreis steht für die Ganzheit und Einheit des menschlichen Lebens, während die anderen Formen zeigen, wie es in verschiedene Teile aufgeteilt ist.

Bei den Flügeln handelt es sich um die Typen zu beiden Seiten eines jeden zentralen Typs. Es wird angenommen, dass die Flügel verschiedene Persönlichkeitstypen darstellen, die wir verändern können, um neue Dinge über uns selbst zu erfahren.

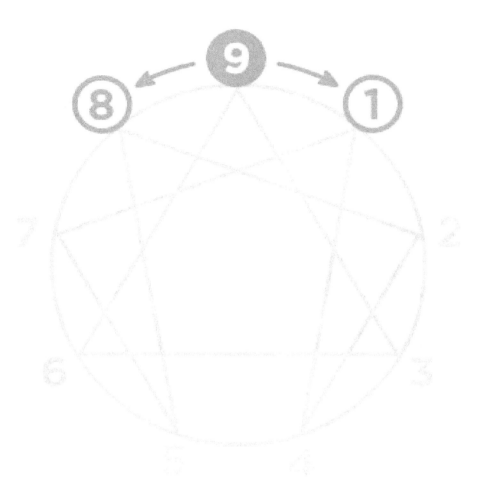

Viele Menschen identifizieren sich stark mit der Beschreibung eines oder beider Flügel zusätzlich zu ihrem Haupttyp, und das Verständnis des Einflusses der Enneagramm-Flügel kann helfen, das eigene Selbstverständnis zu nuancieren.

So ist beispielsweise Typ 1 mit Typ 7 und Typ 4 verbunden. Jeder Haupttyp des Enneagramms ist mit zwei anderen Haupttypen durch zwei Linien verbunden, etwa so: In der ersten Zeile sehen wir den Typus des Menschen, der als Kind zurückgelassen oder verdrängt wurde. Die Merkmale dieses Typs müssen wieder integriert werden, damit die Person erwachsen werden kann. Die zweite Zeile bezieht sich auf die Art von Person, die die Person werden kann, wenn sie bereit ist, in der Welt aufzusteigen.

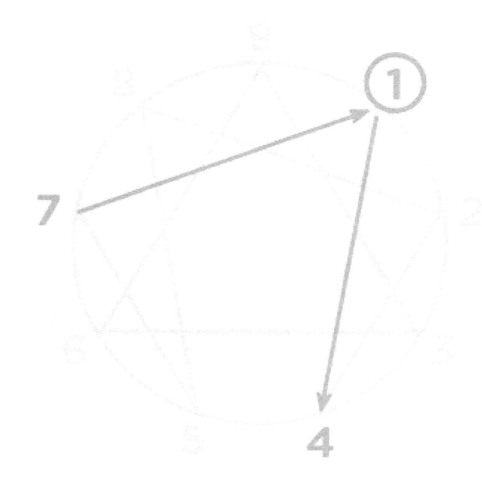

Diese Zeilen zeigen, dass jeder Grundtyp wichtige Stärken, aber auch Schattenseiten voller Probleme hat. Durch die Hinzufügung dieser Linien wird das Enneagramm von einer einfachen Beschreibung der Persönlichkeit zu einem Modell, das zeigt, wie sich die Persönlichkeit in verschiedenen Situationen verändern kann.

Wie das Enneagramm funktioniert

Es gibt neun Enneagramm-Persönlichkeitstypen. Wenn Menschen heranwachsen und erwachsen werden, entdecken sie, dass ihre Motive und Ängste von einem dieser neun Typen dominiert werden. Ihr Grundtyp wird hauptsächlich durch Ihre Gene bestimmt, aber auch durch die Art und Weise, wie Sie erzogen wurden, z. B. wie Ihre Eltern Sie behandelt haben oder wie Ihre Familie aufgebaut war.

Das Enneagramm verwendet ein Zahlensystem, um zu zeigen, welcher Typ jeder Mensch ist. Da es sich um ein horizontales Wachstumssystem handelt, ist keine Zahl besser als eine andere, weil sie alle gleich sind. In der Regel wechseln die Menschen nicht von einem Typ zum anderen. Vielmehr verbinden sie unterschiedliche Eigenschaften mit sich, je nachdem, wie gut sie sich um sich selbst kümmern.

Jeder der neun Typen hat seine eigenen Hauptmotivationen und Ängste, die eine wichtige Rolle bei ihrem Tun und Handeln spielen. Sie können mehr über jeden der neun Enneagramm-Typen erfahren, wenn Sie über sie lesen.

Geschichte des Enneagramms

Wir wissen nicht, woher das Enneagramm stammt, aber wir wissen, dass es eine lange Geschichte hat. Einige meinen, die Idee stamme aus Babylon vor etwa 4.500 Jahren, während andere meinen, sie stamme aus der klassischen griechischen Philosophie vor etwa 2.500 Jahren.

Es heißt, dass das Modell aus der jüdischen Kabbala, der christlichen Mystik und dem Sufismus, einer mystischen Form des Islam, stammt. Es wird sogar vermutet, dass Dante viel über das Enneagramm wusste, da die Figuren in der Göttlichen Komödie den Typen des Enneagramms sehr ähnlich sind.

Was wir wissen, ist, dass das moderne Enneagramm-System von heute lebenden Menschen geschrieben wurde. Georg Iwanowitsch Gurdjieff, ein Mystiker und spiritueller Lehrer, verwendete das Modell erstmals in den 1930er Jahren als spirituelles Symbol. Er kam in den 1960er Jahren in die Vereinigten Staaten.

Oscar Ichazo und Claudio Naranjo sind zwei weitere bekannte Meister des Enneagramms aus dem 20. Es war der chilenische Psychiater Naranjo, der durch die Arbeit von Ichazo mit dem Enneagramm bekannt wurde. Naranjo ist vor allem dafür bekannt, dass er durch seine Arbeit das Enneagramm in die moderne Psychologie eingeführt hat. Das System wurde dann in vielen religiösen und spirituellen Gruppen in den Vereinigten Staaten verwendet.

Heute interessieren sich die meisten Forscher mehr für den psychologischen Aspekt des Enneagramms als für den religiösen. Sie vergleichen es mit anderen Persönlichkeitsmodellen, wie dem Myers-Briggs-System, um zu sehen, wie sie funktionieren.

Enneagramm-Anwendungen

Das Enneagramm wird in erster Linie für die individuelle Selbsterkenntnis und Persönlichkeitsentwicklung eingesetzt und bietet ein leistungsfähiges Instrument, um Ihre Kernmotivationen besser zu verstehen und dieses Wissen auf alle Bereiche Ihres Lebens anzuwenden, einschließlich Konfliktlösung, Teamdynamik, Führung und emotionale Intelligenz.

Da es Entwicklungsmöglichkeiten für jeden Typus von Individuum aufzeigt, hat es in Bereichen wie Beratung, Psychotherapie, Unternehmensentwicklung, Elternschaft und Bildung weite Verbreitung gefunden.

Das System war die Grundlage für mehrere Enneagramm-Persönlichkeitstests sowie für Werke zu einer Vielzahl von Themen, von persönlicher Entwicklung und spirituellem Wachstum bis hin zu Beziehungen und sogar beruflicher Entwicklung.

Definition und Bedeutung

Das Enneagramm ist ein Persönlichkeitssystem, das Menschen in Form von neun Typen beschreibt, jeder mit seinen eigenen Motivationen, Ängsten und inneren Dynamiken.

Das Enneagramm ist ein gefühlsbetontes System, um Menschen zu verstehen: Es geht darum, die emotionalen Kernmotivationen und Ängste eines Menschen zu ergründen. Jeder der neun Persönlichkeitstypen hat seine eigene Antriebskraft, die sich auf eine bestimmte Emotion konzentriert.

Einige Enneagramm-Typen erleben starke Emotionen, während andere Typen versuchen, Emotionen auf die eine oder andere Weise zu vermeiden. Doch egal, ob man vor den Emotionen davonläuft oder in sie eintaucht, jeder Typ beschreibt einen Aspekt der emotionalen Erfahrung.

Die neun Enneagramm-Typen sind in Herz-Typen, Kopf-Typen und Körper-Typen unterteilt.

- **Herztypen** verlassen sich auf ihre emotionale Intelligenz, um ihre eigenen Reaktionen zu verstehen und mit anderen in Kontakt zu treten.

- **Kopftypen** verlassen sich auf ihre intellektuelle Intelligenz, um die Dinge zu verstehen und sich in der Welt um sie herum zurechtzufinden.

- **Körpertypen** verlassen sich auf ihre instinktive Intelligenz, um ihrer "Intuition" zu folgen und auf Bedrohungen und Chancen zu reagieren.

Kapitel 2 - Die Enneagramm-Herz-Typen

Herztypen reagieren zuerst mit Emotionen. Sie verbinden sich mit anderen Menschen auf einer empathischen Ebene und verstehen die Welt, indem sie deren Gefühle verstehen. Diese Typen lassen sich von Gefühlen leiten, die mit ihren emotionalen Beziehungen zu anderen Menschen zusammenhängen. Sie schätzen Dinge wie emotionale Unterstützung, Anerkennung und Einbeziehung. Die Typen zwei, drei und vier sind die herzzentrierten oder gefühlsbetonten Typen des Enneagramms.

Typ zwei

Der Geber

Sie wollen beide gemocht werden und Wege finden, anderen zu helfen, dazuzugehören. Dieser Typ hat Angst davor, unangenehm zu sein.

Beide sind geprägt von dem Wunsch, dazuzugehören und von anderen geliebt zu werden. Sie sind hilfsbereit, fürsorglich und liebevoll gegenüber anderen. Sie sind begierig darauf, am Leben anderer teilzuhaben. Beide sagen selten nein, wenn andere sie um Hilfe bitten, und sie wollen anderen ihren Wert beweisen, indem sie immer für sie da sind.

Tiefere Angst: Beide fürchten sich davor, allein und ungeliebt zu sein, und bewältigen diese Angst, indem sie sich um andere kümmern und zum Mittelpunkt des Lebens anderer Menschen werden.

Zentrale Motivation: Beide Enneagramme wollen sich geliebt und geschätzt fühlen, was sie motiviert, anderen gegenüber Liebe in Worten und Taten auszudrücken.

Die wichtigsten Persönlichkeitsmerkmale der 2

- Warmes Lächeln und warme Augen

- Zugänglich, strahlt Freundlichkeit aus.

- Ehrenamtliches Mitglied oder Aktivist

- Ausgezeichneter Teamplayer

- Warm und sanft

- Fürsorglich und geduldig

- Geschmeidige und fließende Bewegungen

Wie selten sind Enneagramme 2?

- In einer Studie mit mehr als 54.000 Befragten wurde festgestellt, dass etwa 11 % der Bevölkerung zum Typ 2 gehören. Frauen sind häufiger vom Typ zwei betroffen: 15 % der Frauen sind vom Typ zwei betroffen, während es bei den Männern nur 7 % sind.

Enneagramm Typ 2 in der Tiefe

Spender sind sehr einfühlsame und fürsorgliche Menschen, die die Bedürfnisse anderer über ihre eigenen stellen. Sie haben die intuitive Fähigkeit, die emotionalen Lücken anderer zu erkennen und sie zu unterstützen.

Es macht ihnen große Freude, zur Verfügung zu stehen, und sie werden als Quelle der Ermutigung oder als Schulter zum Ausweinen gesehen. In guten wie in schlechten Zeiten sind sie ein treuer Begleiter und Freund.

Beide sind strategisch in der Art und Weise, wie sie Beziehungen aufbauen. Sie sind im Allgemeinen offen und beliebt, finden sich in einer Vielzahl von Gruppen wieder und werden von vielen gemocht. Ihre ermutigende und unterstützende Art zieht Menschen in allen Lebensphasen an.

Spender werden durch ihren Wunsch motiviert, die Anerkennung anderer zu erlangen, oft durch indirekte Methoden. Beide haben einen unbewussten Hintergedanken bei ihren freundlichen Handlungen und gehen oft davon aus, dass es anderen genauso geht.

Ein ungesunder Zweier mag oberflächlich betrachtet ein selbstloser Mensch sein. Oder jemand, der andere auf Kosten von sich selbst oder einer anderen Person unterstützt und ihnen etwas gibt, z. B. indem er einen Süchtigen unterstützt.

Das Enneagramm Zwei gehört zusammen mit Typ 3 und Typ 4 zur "Herz-basierten" Triade des Enneagramms. Diese Trias konzentriert sich auf die Emotion der Traurigkeit, die aus dem Gefühl resultiert, dass die Person nicht so geliebt wird, wie sie wirklich ist.

Als Kinder wachsen beide oft in einem Umfeld auf, in dem sie das Gefühl haben, dass ihre grundlegenden emotionalen Bedürfnisse nicht erfüllt werden. Sie lernen dann schon früh, sich den Erwartungen anderer anzupassen und ihre eigenen Wünsche zu unterdrücken, um andere Menschen zu unterstützen.

Gesunde Menschen mit dem Typ zwei sind in der Lage, anderen zu dienen und gleichzeitig ihre eigenen Bedürfnisse zu befriedigen. Sie verstehen es auch, sich selbst zu lieben und zu akzeptieren, wie sie sind, und sind weniger auf die Anerkennung anderer angewiesen.

Enneagramm 2-Flügel

2w1: Enneagramm Typ zwei ala eins sind zwei, die viele der gleichen Eigenschaften wie der Perfektionist Typ eins teilen. Diese beiden erscheinen eher ruhig, fleißig und zurückhaltend. Dieser Typus ist bestrebt, anderen zu dienen, und hat möglicherweise Schwierigkeiten mit Kritik. Zu den üblichen Berufen dieses Typs gehören Berater, Tierarzt, Krankenschwester und Schulpsychologe.

2w3: Der Typ 2w3 ist eine Zwei, die viele der gleichen Merkmale wie der Typ Drei aufweist. Sie neigen dazu, geselliger und ehrgeiziger zu sein als andere Zwillingstypen. Sie sind in der Regel kommunikationsstark und konzentrieren sich auf den Aufbau tiefer Beziehungen. Sie können auch wettbewerbsorientiert und selbstkritisch sein wie ein Typ drei. Häufige Berufe für den Typ 2w3 sind Öffentlichkeitsarbeit, Unterhaltung, Kundendienst und Leiter von gemeinnützigen Organisationen.

Enneagramm-Kernwerte 2

- Ein ausgeprägter Sinn, die Anerkennung von geliebten Menschen und emotionale Nähe zu anderen sind die Grundprinzipien der Geber.

- Altruismus liegt ihnen sehr am Herzen, und sie sind bereit, ihre Zeit und Energie einzusetzen, um anderen zu helfen.

- Freundlichkeit und Gegenseitigkeit sind die Leitwerte ihrer Entscheidungen. Das Leben oder die Stimmung eines anderen zu verbessern ist unendlich viel besser, als sich selbst zu helfen.

- Die gemeinsame Erfahrung, eine schöne Zeit mit einem geliebten Menschen zu verbringen, gehört zu den besten Gefühlen der Welt für den Typ zwei.

Wie man ein Enneagramm 2 erkennt

In der Öffentlichkeit sind die Geber die Menschen, zu denen sich Fremde auf natürliche Weise hingezogen fühlen, um Anweisungen oder Ratschläge zu erhalten. Sie haben eine starke Ausstrahlung und sind zugänglich. Sie haben ein gutes Gespür für die Bedürfnisse anderer und können als "Mutter" oder "Vater" einer Gruppe von Freunden angesehen werden.

Ob zu Hause oder allein, sie bemühen sich ständig, mit ihren Angehörigen in Kontakt zu bleiben. Ob durch selbstgemachte Gerichte, liebevolle Worte oder Überraschungsgeschenke, sie sind auf die Sprache der Liebe des anderen eingestellt und freuen sich, ihm ein Lächeln ins Gesicht zu zaubern.

Gesundes vs. ungesundes Enneagramm 2

Wenn sie gesund sind, sind sie beide selbstlose Pfleger, die Freude daran haben, bedingungslose Liebe zu geben. Sie sind in der Lage, ihre eigenen Bedürfnisse mit anderen zu teilen und sorgen für ein gesundes Gleichgewicht von Geben und Nehmen. Sie erkennen, wenn andere Abstand brauchen, und entwickeln einen sicheren Bindungsstil. Sie sind in der Lage, Achtsamkeit zu praktizieren und die Bedeutung von Altruismus zu verstehen. Sie erkennen ihren eigenen Wert und können andere behutsam dazu anleiten, ihren Wert zu erkennen. Spender verstehen die Bedeutung von Empathie und können echte und aufrichtige Beziehungen zu anderen aufbauen.

Wenn sie durchschnittlich sind, übernehmen beide die Rolle des Märtyrers in Beziehungen und suchen ständig nach Möglichkeiten, sich wichtig zu fühlen, indem sie sich um die Bedürfnisse anderer kümmern. Sie fühlen sich erfüllt, wenn andere sie daran erinnern, wie dankbar sie sind, sie in ihrem Leben zu haben, und bemühen sich, dieses Bild des immer erreichbaren Freundes aufrechtzuerhalten. Wenn man sich ständig um die Bedürfnisse anderer kümmert, können die Geber erschöpft werden und ihr Energieniveau überkompensieren. Sie können Schmeicheleien oder Komplimente benutzen, um Akzeptanz und Wertschätzung in einer Gemeinschaft oder Beziehung zu erlangen. Sie sind überempfindlich gegenüber der Anerkennung und Bewertung anderer, insbesondere derjenigen, die ihnen wirklich wichtig sind.

Wenn sie ungesund sind, fallen beide in eine Grube der Selbstverzweiflung und Kritik und suchen ständig nach den Fehlern und Verfehlungen der anderen. Sie versuchen, die Kontrolle über Beziehungen zu erlangen und können übermäßig anhänglich oder anmaßend werden. Für jede ihrer Handlungen gibt es jetzt eine Entschuldigung, und sie spielen die Opferkarte, um Sympathie und Sicherheit zu gewinnen. Schließlich entfesseln sie ihre manipulative Seite und geben gedankenlos anderen Menschen die Schuld an ihrem Leid und ihrem Elend. Die Spender stützen ihr Selbstwertgefühl auf die Meinung derer, denen sie geholfen haben, und wenn sie kritisiert werden, verzweifeln sie und entwickeln verschiedene Formen körperlicher Beschwerden: Schmerzen, Fieber und Übelkeit.

Wachstumstipps für Enneatype 2

- **Üben Sie Achtsamkeit für Ihr persönliches Wachstum.** Wenn Sie beide lernen, aus sich herauszugehen und Ihre Persönlichkeit objektiver zu sehen, können Sie Muster in Ihren Gedanken, Gefühlen und Verhaltensweisen erkennen. Indem Sie sich selbst aus der Außenperspektive betrachten, können Sie besser verstehen, wo Sie Grenzen setzen und Selbstfürsorge üben müssen.

- **Achten Sie auf Ihre eigenen Gefühle zu den Dingen.** Zwillinge verleugnen oft ihre eigenen Gefühle und Bedürfnisse, während sie die anderer Menschen in den Vordergrund stellen. Das Wachstum eines Typs zwei liegt im Erkennen und Akzeptieren der eigenen Gefühle. Aktivitäten wie das Führen eines Tagebuchs können Ihnen beiden helfen, mit Ihren Gefühlen besser in Kontakt zu kommen.

- **Üben Sie sich in Selbstliebe.** Enneagramm-Zwillinge fühlen sich oft gefangen in ihrem Bedürfnis, anderen Menschen zu gefallen. Wenn es nicht leicht ist, Anerkennung zu erhalten, kann sich der Geber unwürdig fühlen, weil er nicht geschätzt wird. Es ist wichtig, dass beide lernen, sich so zu lieben, wie sie wirklich sind.

- **Lernen Sie, gesunde Grenzen zu setzen.** Typ 2 ist dafür bekannt, dass er anderen mehr Energie gibt, als er eigentlich zu geben hat. Dies führt dazu, dass sie sich ausgelaugt und von ihrer eigenen Identität losgelöst fühlen. Zwillinge gedeihen, wenn sie lernen, gesunde Grenzen zu setzen, die sich an ihren Bedürfnissen orientieren.

- **Teilen Sie Ihr authentisches Selbst mit anderen.** Ihr neigt beide dazu, eure Persönlichkeit zu verändern, um euren Mitmenschen zu gefallen. Bemühen Sie sich bewusst um Transparenz und Ehrlichkeit in Bezug auf Ihre Gedanken und Gefühle. Sie werden feststellen, dass die Menschen Ihre authentische Seite sehr schätzen!

Enneagramm Typ 2 bei Berühmtheiten

- Parton-Puppe
- Mutter Teresa
- Nancy Reagan
- Jimmy Carter
- Desmond Tutu
- Celine Dion
- Jennifer Garner
- Maya Angelou
- Lewis Carroll
- Jessica Alba
- "Hagrid" (*Harry Potter*)
- "Pam Beesly" (*Das Büro*)
- "Peeta Mellark (*Die Hungerspiele*)
- "Samwise Gamgee (*Der Herr der Ringe*)
- "Emma Woodhouse" (*Emma*)

Typ 2 in Beziehungen

Der Enneagramm-Typ Zwei legt den Schwerpunkt auf romantische Beziehungen: Sie lieben es, ihr großes Herz jemandem zu schenken. Deshalb ist es für sie genauso wichtig, einen Partner zu finden, wie eine Zulassung zu bekommen. Zwillinge sind intuitiv und können die Menschen in ihrer Umgebung aktiv "lesen", indem sie sich an deren wahrgenommenen Stimmungen und Vorlieben orientieren, um die Möglichkeit einer Verbindung zu maximieren. Manchmal helfen sie aber auch anderen, um ihre eigenen Bedürfnisse zu befriedigen.

Die beiden bringen positive und oft sprudelnde Energie in wichtige Situationen ein, z. B. wenn ein Partner einen persönlichen Verlust am Arbeitsplatz oder in der Großfamilie zu beklagen hat, und sie werden alles tun, um ihren Partner zufrieden zu stellen. Doch manchmal will oder braucht der Partner die Hilfe der beiden nicht, so dass sie sich nicht gewürdigt, nicht beachtet oder unerwünscht fühlen.

Emotional haben beide Schwierigkeiten, aus dieser Position herauszukommen, selbst wenn ihr Ehepartner oder andere versucht haben, eine liebevolle Grenze zu ziehen. Das liegt oft daran, dass sie Angst vor Ablehnung haben und in ihrer Kindheit vielleicht mit Verlassenheit konfrontiert waren.

Darüber hinaus unterdrücken Zweierkinder oft ihre eigene Wut, Traurigkeit, Angst oder verletzte Gefühle, um anderen zu gefallen. Wenn sie ihre Gefühle jedoch verbergen, kommen sie auf eine Art und Weise zum Vorschein, die ihrer Umgebung manipulativ, hochmütig und kontrollierend erscheinen kann, selbst wenn die beiden nach außen hin eine glückliche Fassade aufrechterhalten. Dieses überkompensierende Verhalten kann Depressionen verdecken und zu Eheproblemen führen. Dies geschieht, wenn ein Zweier anstelle von Ausgeglichenheit und Selbstfürsorge zu Hedonismus oder Selbstaufblähung übergeht, um seine Bedürfnisse zu befriedigen, oder eine falsche Großzügigkeit an den Tag legt.

Wenn Sie eine Zwei lieben, erinnern Sie sie daran, ihre Gedanken zu nutzen, um sie jeden Morgen zu einem ruhigen Moment zu führen, damit sie ihren Tag mit dem, was sie wirklich brauchen, gegenüber dem, was notwendig zu sein scheint, priorisieren können. Erinnern Sie sie daran, sich nicht nur von ihren Gefühlen leiten zu lassen, wenn sie diese Gedanken aufkommen lassen, und ermutigen Sie sie, sich um sich selbst zu kümmern (einschließlich geistiger und körperlicher Selbstfürsorge). Erinnern Sie sie daran, in der Vergangenheit nach Hinweisen zu suchen und für ihre Pläne in die Zukunft zu blicken, aktive Pläne zu machen und aus der Vergangenheit zu lernen und mehr loszulassen, anstatt zu manipulieren.

Erinnern Sie sich daran, dass Sie beide spüren, dass Sie geben müssen, um Liebe zu erhalten. Dies geschieht nicht aus Grausamkeit, sondern aus dem Wunsch heraus, wahre Liebe zu finden. Ermutigen Sie Ihre beiden in der Liebessprache ihrer Wahl (nicht nur in Ihrer) und versuchen Sie, ihnen das Gefühl der Sicherheit zu geben, indem Sie ihnen regelmäßig versichern, dass sie der wichtigste Mensch in Ihrem Herzen sind, besonders wenn Sie jemand sind, der nicht alles zeigt. Zeit.

- Typ zwei mit Typ eins: Sie neigen dazu, liebevoll und fair zu sein.

- Typ zwei mit Typ zwei: Sie sind eher aufgeschlossen und großzügig.

- Typ zwei mit Typ drei: Sie sind eher menschenbezogen und zielorientiert.

- Typ zwei mit Typ vier: neigen dazu, zärtlich und romantisch zu sein.

- Typ zwei mit Typ fünf: neigen dazu, anhänglich und konzentriert zu sein.

- Typ zwei mit Typ sechs: neigen dazu, anhänglich und loyal zu sein.

- Typ zwei mit Typ sieben: Sie neigen dazu, überschwänglich und lustig zu sein.

- Typ zwei mit Typ acht: Sie sind eher hilfsbereit und leidenschaftlich.

- Typ zwei mit Typ neun: neigen dazu, rücksichtsvoll zu sein und auf andere Rücksicht zu nehmen.

Typ drei

Der Gewinner

Typ 3 möchte erfolgreich sein und von anderen bewundert werden und ist sich seines öffentlichen Images sehr bewusst. Typ Drei hat Angst zu versagen und von anderen Menschen nicht als wertvoll angesehen zu werden.

Alle drei zeichnen sich durch ihren Wunsch aus, bedeutend zu sein und sich durch ihre Leistungen zu profilieren. Auf andere wirken alle drei selbstbewusst, ehrgeizig und zielorientiert. Sie sind sich ihres angeborenen Selbstwertes nicht sicher und suchen nach Bestätigung durch ihre Leistungen.

Alle drei neigen dazu, sehr imageorientiert zu sein; es ist ihnen wichtig, dass andere sie als erfolgreich ansehen.

Tiefste Angst: Alle drei haben Angst, unbedeutend zu sein oder zu versagen. Um mit dieser Angst fertig zu werden, suchen sie nach Wegen, um im Leben zu gewinnen und sicherzustellen, dass sie wertvoll sind.

Zentrale Motivation: Typ Drei wird durch ein Bedürfnis nach Aufmerksamkeit und Bewunderung motiviert. Sie streben danach, erfolgreich und bedeutend zu sein, um sich nicht wertlos zu fühlen.

Die wichtigsten Persönlichkeitsmerkmale der 3

- Sie sind sich der gesellschaftlichen Feinheiten sehr bewusst.

- Beeindruckende Vielfalt an Leistungen

- Äußerst beschäftigt und in Bewegung

- Volle Terminkalender und Sitzungen

- Kann Interesse an Improvisation oder Schauspiel haben.

- Verfeinerter Geschmack im äußeren Erscheinungsbild

- Charismatisch; macht einen guten ersten Eindruck

Wie selten sind die 3 des Enneagramms?

- In einer Studie mit über 54.000 Befragten wurde festgestellt, dass Typ 3 etwa 11 % der Bevölkerung ausmacht. Etwa 10 % der Frauen und 12 % der Männer sind drei.

Enneagramm Typ 3 in der Tiefe

Sie sind kultiviert und anspruchsvoll und haben einen besonderen Geschmack für die schönen Dinge des Lebens. Sie sind in der Lage, einen großen Teil ihrer Produktivität einzusetzen, um ihre Ziele und hohen Standards zu erreichen. Ihr Ziel ist es, für ihre Entdeckungen und Kreationen in Erinnerung zu bleiben und geschätzt zu werden: die Besten zu sein.

Sie sind klug, ehrgeizig und in der Regel gut gekleidet und erreichen und übertreffen ihre Ziele mit links und rechts. Ihre Leistung und ihr Engagement werden von anderen bewundert und können sie sogar zum Handeln inspirieren.

Achievers haben in der Regel einen vollen Terminkalender mit Veranstaltungen und beruflichen Treffen, die sie beschäftigen und in Bewegung halten.

Im besten Fall sind Leistungsträger selbstbewusste, energiegeladene und bescheidene Vorbilder, die andere inspirieren. Dieser Typ kann unglaublich produktiv sein, sogar ein "Workaholic". Sie neigen dazu, sich gut zu kleiden und genießen Materialien und Erfahrungen, die ein Bild von Wohlstand oder Erfolg vermitteln.

Eine ungesunde Drei kann zwanghaft, eingebildet und bösartig erscheinen. Es kann sein, dass sie andere Menschen zu ihrem eigenen Vorteil über den Tisch ziehen und unzuverlässig erscheinen.

Die Dreiergruppe des Enneagramms gehört zusammen mit dem Zweier- und dem Vierertyp zur "herzbasierten" Dreiergruppe des Enneagramms. Diese Triade konzentriert sich auf das Gefühl des Schmerzes und kämpft damit, sich nicht liebenswert zu fühlen.

Dieser Typus hat wahrscheinlich schon als Kind gelernt, dass Leistung Liebe und Lob nach sich zieht, so dass er seine Identität dadurch aufbaut, dass er durch Erfolg auf sich aufmerksam macht.

Alle drei versuchen, ein bestimmtes Selbstbild zu vermitteln und ihre inneren Gefühle zu unterdrücken. Dieser Typus hat möglicherweise Schwierigkeiten, seine eigenen Gefühle zu verstehen, da er sich auf das konzentriert, was er tun und erreichen will.

Enneagramm 3-Flügel

3w2: Der Typ 3w2 ist ein Dreier, der in vielerlei Hinsicht auch einem Zweier ähnelt. Diese Drei sind kontaktfreudig, freundlich und haben Freude an einer Arbeit, die anderen dient. Sie haben Spaß an der Unterhaltung und sind Gurus im Aufbau und in der Pflege enger sozialer Beziehungen. Dieser Typus gedeiht in Berufen wie Werbung, Veranstaltungsplanung, Rundfunk, Unterhaltung und Unternehmertum.

3w4: Typ 3w4 ist eine Drei, die viele Eigenschaften des Typs Vier teilt. Dieser Typ ist eher introvertiert, ernsthaft und konzentriert sich eher auf die Arbeit als auf soziale Verpflichtungen und Beziehungen. Dreiflügelige Vierer arbeiten ständig an ihrer persönlichen Entwicklung und ihrem beruflichen Erfolg. Dieser Typus ist häufig in Berufen wie Jura, Marketing, Wirtschaft, Politik und Finanzen zu finden.

Enneagramm-Kernwerte 3

- Anerkennung, Lob und Status sind die Krönung des Lebensstils der Leistungsträger.

- Die Drei sind zielstrebig, mit der Mentalität des Typs A und einem unermüdlichen Drang zur Selbstverbesserung ausgestattet.

- Produktivität und Leistung sind die wichtigsten Werte von Leistungsträgern.

- Dinge zu erledigen ist wichtiger als zu viel Planung und "verschwendete" Zeit mit Tagträumen.

Wie man ein Enneagramm 3 erkennt

Mit ihrem raffinierten Geschmack und ihrem beeindruckenden Drang, mehr zu erreichen, sind sie sozial versierte Gesprächspartner mit dem Talent, Termine einzuhalten und dabei auch noch gut auszusehen.

Sie sind vorbereitet und wissen intuitiv, was sie in jeder Situation sagen müssen. Sie können sich mit fast jedem anfreunden. Erfolgreiche Menschen können erstklassige Instagram-Feeds haben, ein scheinbar "perfektes" Leben und den Charme, der es beweist.

Männer und Frauen geben oft ein Bild ab, das sehr stark mit ihrer Geschlechtsidentität (d. h. männlich oder weiblich) übereinstimmt.

Wenn man sie nach ihrem Fünfjahresplan oder ihren Karrierezielen fragt, haben sie in der Regel eine gut durchdachte Vorstellung davon, wo sie hinwollen.

Gesundes vs. ungesundes Enneagramm 3

Wenn sie gesund sind, sind alle drei motiviert, freundlich und hilfsbereit. Sie können Organisationen mit Flair und Leichtigkeit in neue und unerforschte Gebiete führen. Mit ihrem natürlichen Charisma und ihrer Fähigkeit, das Potenzial ihrer brillanten Ideen zu erkennen, haben sie Erfolg am Arbeitsplatz und darüber hinaus. Sie sind sehr anpassungsfähig und können sich bemühen, andere zu inspirieren und erfolgreich die Früchte ihrer Arbeit und Kreativität zu ernten. Mit ihrem Sinn für Humor und ihrer albernen Seite lernen sie, das Leben auf die leichte Schulter zu nehmen und die Vereinbarkeit von Beruf und Privatleben in den Vordergrund zu stellen. Sie sind gut organisiert, beherrschen ihr Handwerk und sind bereit, konstruktives Feedback anzunehmen.

Wenn sie durchschnittlich sind, sind sie alle drei fleißig und suchen nach neuen Zielen, die sie erreichen können, und nach auffälligen Möglichkeiten, ihr Fachwissen zur Schau zu stellen. Sie sind fast immer unterwegs, um neue Projekte abzuschließen und mit anderen zusammenzuarbeiten. Die drohende Angst vor dem Scheitern treibt sie an, ihren Schwung beizubehalten und weiter hart zu arbeiten. Soziale Medien werden zu einem Ort des ständigen Vergleichs und der Meinungsäußerung, was zu übermäßiger Eigenwerbung oder Arroganz führen kann. Achiever sind entschlossen, bei allem, was sie mit Herz und Verstand angehen, an erster Stelle zu stehen, sei es ein Ziel oder ein berufliches Projekt.

Wenn sie ungesund sind, werden alle drei extrem eifersüchtig und sehen jede Interaktion als einen Wettbewerb an und neigen dazu, sich gegenseitig zu übertreffen. Sie suchen nach Anerkennung und Bestätigung durch andere. Wenn dies nicht der Fall ist, beginnen sie zu verzweifeln und sich abzuschalten. Der einst motivierte Leistungsträger wird faul, unzufrieden und neigt zu einem geringen Selbstwertgefühl. Schließlich kann es passieren, dass ein Leistungsträger sein Selbstwertgefühl ablehnt und starke Stimmungsschwankungen entwickelt. Viele Leistungsträger berichten, dass sie sich wie eine "leere Hülle" fühlen, nachdem sie sich jahrelang ein Bild davon gemacht haben, wie sie gerne sein würden. Dies kann zu großen Veränderungen im Beruf, in der Beziehung oder im Lebensstil führen. In den schlimmsten Fällen verraten sie rücksichtslos und zerstören den Ruf anderer nur zu ihrem eigenen Vorteil.

Wachstumstipps für Enneotype 3

- **Langsamer!** Es kann leicht passieren, dass drei so beschäftigt sind, dass sie das, was direkt vor ihnen liegt, übersehen oder den gegenwärtigen Moment als selbstverständlich ansehen. Nehmen Sie sich hin und wieder Zeit, um sich zu entspannen und den Moment zu genießen. (ja, dazu gehört auch, dass Sie Ihr Smartphone ausschalten!)

- **Üben Sie aktives Zuhören, um eine tiefere Verbindung zu anderen herzustellen.** Alle drei können so sehr darauf konzentriert sein, wie andere sie wahrnehmen, dass sie Gelegenheiten verpassen, eine tiefere Verbindung zu anderen aufzubauen. Indem sie Gewohnheiten des aktiven Zuhörens entwickeln, können alle drei eine tiefere Bindung zu anderen aufbauen.

- **Nehmen Sie die Verwundbarkeit an.** Verletzlichkeit kann für drei Personen beängstigend sein, denn sie bedeutet, dass man anderen Menschen zeigt, wer man wirklich ist, und nicht nur die Seite, die man ihnen zeigen will. Dreijährige wachsen jedoch, wenn sie lernen, ihre Verletzlichkeit zu akzeptieren und authentischer für sich selbst zu handeln.

- **Untersuchen Sie Ihre Gedanken und Gefühle.** Sie alle drei können so sehr von Ihrem Image und Ihren Leistungen eingenommen sein, dass Sie Ihre eigenen Gefühle ignorieren. Nehmen Sie sich die Zeit, um sich zu fragen, wie Sie wirklich über etwas denken. Stimmen Ihre Worte und Handlungen mit Ihren Gefühlen überein?

- **Üben Sie sich in Achtsamkeit, um mehr präsent zu sein.** Alle drei sind immer in Bewegung. Achtsamkeitspraktiken wie Yoga und Meditation können Ihnen helfen, langsamer zu werden und sich auf die Gegenwart zu konzentrieren. Einzelspiele ohne Wettbewerbscharakter können auch dazu beitragen, dass Sie sich zu dritt auf den Moment konzentrieren, ohne das Gefühl zu haben, "gewinnen" zu müssen.

Berühmte Enneagramm Typ 3s

- Oprah Winfrey

- Tony Robbins

- Taylor Swift

- Lady Gaga

- Beyoncé Knowles

- Meghan Markle

- Tom Cruise

- Arnold Schwarzenegger

- Muhammed Ali

- Kacey Musgraves

- Reese Witherspoon

- "Don Draper" (*Mad Men*)

- "Rachel Berry (*Glee*)

- Margaery Tyrell ("*Game Of Thrones*")

- "Amy March" (*Kleine Frauen*)

- Leslie Knope ("*Parks & Recreation*")

3 in Beziehungen

Der Enneagramm-Typ 3 konzentriert sich darauf, für seinen Partner zu glänzen und zu funkeln. Sie konzentrieren sich vor allem darauf, in den Augen anderer, insbesondere ihres geliebten Partners zu Beginn einer Beziehung, ein Bild des Erfolgs zu schaffen.

Wenn eine Dreierbeziehung jedoch ungesund ist oder in einem späteren Stadium nicht mehr so oft stattfindet, kann es sein, dass sie sich zu sehr mit ihrer Arbeit identifizieren und sich zu sehr auf ihre "Leistungen" konzentrieren, sei es in der Werkstatt, im Schlafzimmer oder als Elternteil. Sie glauben vielleicht fälschlicherweise, dass sie das sind, was sie tun, und glauben, dass andere sie auch so sehen. Das kann dazu führen, dass sie den Kontakt zu sich selbst verlieren und sich in der Beziehung wie ein Chamäleon verhalten, das sich nur mit dem identifiziert, was der Partner mag. Dies führt natürlich schnell zu einem Ende der Beziehung, da alle drei nicht ihr wahres Ich in die Beziehung eingebracht haben könnten.

Obwohl alle drei innerhalb der Enneagramm-Triade sehr herzorientiert sind, in dem Sinne, dass sie die Gefühle anderer spüren, können sie ihre eigenen Gefühle unbewusst vermeiden, weil die Vermeidung von Emotionen ihnen hilft, Dinge zu erledigen. Wenn sie das hektische Tempo aufgeben und versuchen, einfach zu "sein", anstatt ständig zu "tun", und wenn mögliche Ängste oder Depressionen aufgrund dieses ungewohnten langsamen Tempos zunehmen, ist es für die Drei wichtig, einige Entspannungstechniken zu finden, eigene Hobbys und Fitnesspraktiken, um sich selbst auszubalancieren, und sich um ihre geistige Gesundheit zu kümmern.

Wenn Sie eine Drei lieben, denken Sie daran, dass sie sich, obwohl sie eine ziemlich harte Fassade zeigen, zutiefst nach einer sehr engen und loyalen Bindung sehnen, insbesondere zu Ihnen. Das liegt daran, dass die meiste Zeit im Leben der drei ein Übermaß an Fürsorge hatten oder ihre Fürsorgebeziehungen sehr spärlich waren. In beiden Fällen haben sie ein starkes Gefühl von Mangel oder Bedürfnis, das sie zu befriedigen versuchen, um sich sicher zu fühlen, und sie fühlen sich besser, wenn sie jederzeit wissen, wo ihr Ehepartner ist und wenn er oder sie ihnen ein starkes Bindungsfeedback gibt.

Wenn ein Dreier seine Bedürfnisse nicht befriedigen kann, greift er möglicherweise zu einer Form der Täuschung, um seine Bedürfnisse zu befriedigen. Wenn sie jedoch beginnen, sich um sich selbst zu kümmern und zu erkennen, dass sie geliebt werden, egal was sie tun, leisten sie erstaunliche Arbeit, indem sie mit Liebe die Wahrheit sagen und sowohl zu Hause als auch bei der Arbeit ein hervorragendes Team leiten.

Ermutigen Sie Ihre Drei, ihren "inneren Geliebten" zu finden, erinnern Sie sie daran, die Wahrheit in Liebe auszusprechen, ermutigen Sie sie, sich zu entschuldigen, wenn sie unhöflich waren, und versuchen Sie, ihnen Raum und die Erlaubnis zu geben, ein paar Minuten lang traurige Gefühle zuzulassen. Denken Sie daran, dass sie sich erst sicher fühlen müssen, bevor sie die Wahrheit preisgeben und ihre Intimität und Nähe zu Ihnen verstärken können.

- Typ drei mit Typ eins: neigen dazu, durchsetzungsfähig und verantwortungsbewusst zu sein.

- Typ drei mit Typ zwei: Neigen dazu, zielorientiert und menschenbezogen zu sein.

- Typ drei mit Typ drei: neigen dazu, durchsetzungsfähig und zielorientiert zu sein.

- Typ drei mit Typ vier: Sie neigen dazu, sowohl produktiv als auch leidenschaftlich zu sein.

- Typ drei mit Typ fünf: neigen dazu, sowohl projektorientiert als auch projektgetrieben zu sein.

- Typ drei mit Typ sechs: neigen dazu, loyal und planungsorientiert zu sein.

- Typ drei mit Typ sieben: neigen dazu, leidenschaftlich und zielstrebig zu sein.

- Typ drei mit Typ acht: Sie neigen dazu, impulsiv und stark zu sein.

- Typ drei mit Typ neun: neigen dazu, projektorientiert und lebenslustig zu sein.

Typ vier

Der Individualist

Typ Vier möchte einzigartig sein und tiefe, authentische Gefühle erleben. Typ Vier haben Angst vor Fehlern und konzentrieren sich zu sehr darauf, wie sie sich von anderen Menschen unterscheiden.

Alle vier zeichnen sich durch ihr Gefühl aus, etwas Besonderes zu sein und sich von anderen Menschen zu unterscheiden. Sie sind oft kreativ und stellen für ihr Umfeld eine einzigartige und unverwechselbare Persönlichkeit dar.

Alle vier befinden sich in einem tiefen Konflikt: Sie sehnen sich danach, mit anderen in Kontakt zu treten, haben aber das Gefühl, dass nur wenige Menschen sie so sehen, wie sie wirklich sind, weil sie so ungewöhnlich sind.

Tiefer gehende Angst: Alle vier fürchten, Mängel zu haben und einen grundlegenden Aspekt des Glücks zu verpassen, zu dem andere Menschen Zugang haben. Um mit dieser Angst fertig zu werden, verstärken sie das, was an ihnen anders und besonders ist, und suchen die Nische, in der sie wirklich geschätzt werden können.

Zentrale Motivationen: Alle vier sind durch den Wunsch motiviert, ihre Individualität auszudrücken und einzigartig zu sein. Sie tun dies durch kreative Bemühungen und durch Überidentifikation mit Aspekten ihrer Persönlichkeit, die sie als fehlend oder mangelhaft ansehen.

Die wichtigsten Persönlichkeitsmerkmale der 4

- Unverwechselbares Erscheinungsbild nach innen und außen

- Herausragende künstlerische Leistung(en)

- Eigenwillig und liebenswert

- Melancholischer Ausdruck

- Starker Sinn für Identität.

- Sie können ein Gefühl der Leere empfinden.

- Leidenschaftliche Selbstdarstellung.

Wie selten sind die 4 des Enneagramms?

- In einer Studie mit mehr als 54.000 Befragten wurde festgestellt, dass etwa 11 % der Bevölkerung, 12 % der Frauen und 10 % der Männer, dem Typ 4 angehören.

Enneagramm Typ 4 in der Tiefe

Individualisten heben sich von anderen durch ihre einzigartige Wahl von Mode, Lebensstil und unkonventionellen Interessen oder kreativen Tätigkeiten ab. Unkonventionelle, aber liebenswerte Individualisten haben einen unermüdlichen Drang, zu entdecken und zu verstehen, wer sie im Innersten sind. Schöpfung, nicht Konsum, ist der Schlüssel zu ihrem Wohlbefinden.

Die vier verbringen viel Zeit damit, über die Vergangenheit zu reflektieren und Erfahrungen und Gefühle als Ausgangspunkt für kreative Überlegungen und neue Projekte zu nutzen.

Durch einen Prozess der kontinuierlichen Erforschung des inneren Selbst (der bewussten und unbewussten Seiten) schaffen Individualisten originelle Werke, die nicht den Erwartungen anderer entsprechen.

Individualisten kämpfen mit der Bindung an die Teile von sich selbst, die sie als mangelhaft betrachten. Alle vier neigen dazu, sich zu sehr als Menschen zu sehen, die mehr Fehler haben als andere. Sie unterschätzen die positiven Aspekte ihrer Persönlichkeit und idealisieren die positiven Eigenschaften anderer Menschen.

In ihren besten Zeiten sind alle vier äußerst kreativ, mitfühlend und selbstbewusst. Im schlimmsten Fall können sie sich selbst viktimisieren und selbstzerstörerisch sein.

Wie Typ zwei und Typ drei sind alle vier Teil der "herzbasierten" Triade des Enneagramms. Die zentrale Emotion der Typen in diesem Dreiklang ist die Traurigkeit. Die Vier, die Zwei und die Drei kämpfen mit dem Gefühl, dass sie nicht für das geliebt werden, was sie sind.

Alle vier sind jedoch der Typ, der diesen Schmerz am ehesten annimmt, anstatt ihn zu verdrängen oder sich von ihm bedrängt zu fühlen. Traurigkeit kann bei diesem Typus eine Form von Identität annehmen.

Die vier Individualisten haben eine tiefe und komplexe Beziehung zu ihren Gefühlen. Wachstum findet statt, wenn alle vier lernen, aus ihrem Kopf herauszukommen und sich zu öffnen, um wahre Liebe und Akzeptanz für andere Menschen zu erfahren.

Enneagramm 4: Flügel

4w3: Enneagramm Typ vier mit Flügel 3 sind Vierer, die viele der gleichen Eigenschaften wie Typ drei besitzen. 4w3 neigen dazu, energischer und motivierter zu sein als andere Vierer. Sie wollen etwas für den Planeten bewirken und gleichzeitig ein tiefes Gefühl für sich selbst bewahren. Sie sind geselliger und imagebewusster als die Vier. Zu den üblichen Berufen dieses Typs gehören Unterhaltung, Fernsehjournalismus, Fotografie, Fitnesstrainer und Motivationsredner.

4w5: Der Typ 4w5 ist ein Vierer, der viele Merkmale mit dem Typ Fünf teilt. Dieser Typ erscheint zurückhaltender, intellektueller und introspektiver als andere Vierer. Die 4w5 versuchen, die Welt in ihrer Tiefe zu verstehen, und streben danach, sie mitzugestalten. Sie können verschlossen und übermäßig egozentrisch erscheinen. Beliebte Berufe für 4w5-Typen sind Schreiben, Musik, Grafikdesign und Literatur.

Enneagramm-Kernwerte 4

- Authentizität und Selbstdarstellung sind der Höhepunkt der Existenz des Einzelnen.

- Ihr oberstes Ziel ist es, dass die Welt ihre völlig einzigartige Identität erkennt und schätzt.

- Sie sind der festen Überzeugung, dass sie sich von anderen immer deutlich unterscheiden müssen.

- Sich den "Trends" zu beugen, wäre der ultimative Akt des Selbstbetrugs.

Wie man ein Enneagramm 4 erkennt

Individualisten sind unkonventionell, haben ein starkes Selbstbewusstsein und sind stolz darauf, einzigartig zu sein. Sie gehen oft einer kreativen Tätigkeit nach, wie z. B. Musik, Comedy oder Animation.

Ihr oberstes Ziel ist es, der Welt ihr wahres Ich zu präsentieren, um sich echt, gesund und ganz zu fühlen. Der Stil und Lebensstil eines Individualisten ist oft von Offenheit geprägt und lässt vermuten, dass diese Person durch ihr Auftreten ihre eigene Psyche erforscht.

Gebrauchtwarenläden und Flohmärkte sind die bevorzugte Auswahl für Individualisten. Wenn es um Selbstdarstellung geht, nehmen Individualisten ihre Präsentation sehr ernst. Sie bewerten ständig jede Entscheidung und deren Übereinstimmung mit ihren persönlichen Werten.

Gesunde vs. ungesunde Enneagramm 4s

Wenn sie gesund sind, schaffen alle vier innovative und zum Nachdenken anregende Kunstwerke, die die Perspektive auf das Gemeinwohl verändern. Sie werden als Ideengeber anerkannt, die anderen dabei helfen können, neu zu überdenken, was Kunst sein sollte. Große Veränderungen in künstlerischen Stilen und Modeepochen sind größtenteils auf das innovative Denken selbstverwirklichter Individualisten zurückzuführen, da sie die Fähigkeit besitzen, vergangene Erfahrungen in neue Kunstwerke umzuwandeln. Individualisten, die mit ihrer komplexen Gefühlswelt im Einklang stehen, durchlaufen im Kokon der Selbstakzeptanz einen Prozess der Metamorphose, bevor sie als Schmetterling mit Flügeln zum Fliegen kommen.

Wenn sie durchschnittlich sind, bauen alle vier ihren Stress durch ein kreatives Ventil ab und können sich mit einer Gemeinschaft von Gleichgesinnten zusammenschließen, die sie auf ihrem Weg inspirieren und unterstützen. Sie sind gefühlsbetont und introspektiv und suchen nach Authentizität, manchmal auf Kosten der Geduld und der Gefühle anderer. Individualisten, die in sich gekehrt und künstlerisch ausdrucksstark sind, pflegen ihr persönliches Stimmungs- und Inspirationsbrett, um verschiedene Aspekte ihrer selbst und ihrer Identität zu rekonstruieren. Bei durchschnittlichen Werten können sie überempfindlich gegenüber Kritik werden, aber hart zu sich selbst sein. Dies führt dazu, dass sie aktiv nach Lob und Komplimenten suchen. Sie können sehr beleidigt sein, wenn andere versuchen, ihre Erfahrungen zu kopieren oder sich auf sie zu beziehen.

Wenn sie ungesund sind, werden die vier übermäßig launisch, depressiv und zerbrechlich. Sie können eine extreme Neigung zum Grübeln entwickeln, was ihre natürliche kreative Energie beeinträchtigt. In extremen Fällen verlieren sie den Bezug zur Realität und greifen zu extremen sensorischen Bewältigungsmechanismen wie Alkohol oder Halluzinogenen. Die Suche nach dem "fehlenden Teil" führt Individualisten in eine endlose Spirale von Sackgassen und Kreisverkehren. Sie können in dieselben Gräben fallen und dieselben Fehler machen, wenn sie sich weigern, ihre selbstzerstörerischen Verhaltensweisen und Denkmuster zuzugeben. Sie neigen dazu, den Glauben zu entwickeln, dass etwas an ihnen "kaputt" ist. Auf dem Höhepunkt ihres Stresses löschen Individualisten möglicherweise ihre gesamte Internetpräsenz und isolieren sich von der Welt.

Wachstumstipps für Enneatype 4

- **Üben Sie positive Affirmationen.** Alle vier sind anfällig für negative innere Dialoge. Wenn Sie sich auf positive Gedanken konzentrieren, können Sie ein freundlicheres, positiveres Bild und eine positivere Einstellung entwickeln.

- **Betrachten Sie sich aus der Perspektive einer anderen Person.** Seien Sie sich bewusst, dass Ihre Gefühle zwar berechtigt, aber subjektiv sind. Emotionen sind nicht alles, was Sie sind, aber ein Teil davon. Versuchen Sie, sich selbst objektiver zu sehen, indem Sie vor allem Ihre positiven Eigenschaften und Leistungen hervorheben.

- **Überlegen Sie, inwiefern Sie den Menschen in Ihrer Umgebung ähnlich sind.** Alle vier lenken Ihre Aufmerksamkeit darauf, wie Sie sich von anderen unterscheiden. Suchen Sie stattdessen nach Möglichkeiten, mit anderen in Kontakt zu treten: Was haben Sie gemeinsam? Auf diese Weise können Sie tiefere Beziehungen aufbauen.

- **Fangen Sie klein an.** Vielleicht haben Sie alle vier das Gefühl, dass es Ihnen an Selbstvertrauen und Disziplin fehlt, um die Dinge zu erledigen. Wenn Ihnen das, was Sie erreichen wollen, überwältigend erscheint, unterteilen Sie es in kleine, erreichbare Schritte.

- **Lernen Sie, offen für konstruktives Feedback zu sein, sowohl positiv als auch negativ.** Es ist wichtig, dass ihr alle vier aus eurem Kopf herauskommt und lernt, Feedback von der Außenwelt zu akzeptieren. Verstehen Sie, dass negatives Feedback kein Angriff auf Ihre Person ist. Und positives Feedback ist nichts, was man abtun oder abwerten sollte. Aus konstruktivem Feedback lassen sich wichtige Lehren ziehen.

Berühmte Enneagramm Typ 4s

- Frida Kahlo
- Billie Eilish
- Rumi
- Jackie Kennedy Onassis
- Joni Mitchell
- Bob Dylan
- Prinz
- Rihanna
- Stevie Mellas
- Johnny Depp
- Winona Ryder
- Silvia Plath
- Prinz Charles
- Amy Vino
- Kurt Cobain
- Anne Shirley" (*"Anne von Green Gables"*)
- "Rapunzel" (*Rapunzel*)
- Luna Lovegood (*Harry Potter*)
- "April Ludgate (*Parks und Erholung*)

Typ 4 in Beziehungen

Enneagramm-Typ vier in der Liebe sind die wahren Romantiker des Enneagramms! Enneagramm-Romeos und -Juliettes, voller Leidenschaft und Anbetung, alle vier können wirklich tiefe Bindungen und Gefühle mit ihrem Partner entwickeln. Alle vier wissen, wie sie ihre Aufmerksamkeit auf ihre eigenen Gefühle, die Gefühle anderer und die zwischenmenschlichen Verbindungen und Trennungen zwischen Freunden, Partnern und Kindern richten können.

Da sie als Partner oft ein Gefühl der Unzulänglichkeit in Bezug auf ihren eigenen Wert verspüren und ihren Ehepartner oder Partner beneiden, können sie sich ein idealeres Leben ausmalen oder ein geringes Selbstwertgefühl haben, indem sie alles akzeptieren, was sie nicht sind.

Alle vier in einer Beziehung schätzen sinnvolle Interaktionen aller Art und haben keine Angst vor Konflikten, solange sie den Dingen auf den Grund gehen und sich ein wenig zurückziehen, wenn sie überfordert sind. Sie brauchen diese Zeit, da sie über eine große ästhetische Weisheit verfügen und sich in der Welt langsamer bewegen als andere. Ihr genaues Auge ermöglicht es ihnen jedoch, Fehler zu erkennen, die andere übersehen.

Die vier in einer Beziehung sind auch dafür bekannt, dass sie mal mehr und mal weniger aktiv sind: in einem Moment zurückhaltend und verschlossen, im nächsten energisch und aktiv liebend.

Der Neid der Vier entwickelt sich aus einem frühen Gefühl des Verlustes, das zu der Wahrnehmung führt, dass es etwas Besseres außerhalb der Erfahrung der Vier gibt. Das fehlende Element, das sie suchen, wird als Schuld der vier angesehen, als Ergebnis eines persönlichen Mangels.

Wenn Sie einen Vierer lieben, denken Sie daran, dass er, wenn er sich in der Beziehung unsicher fühlt, Sie testen wird, um zu sehen, ob Sie ihn lieben, und versuchen wird, eine emotionale Reaktion hervorzurufen. Es ist gesund für Sie, nicht nur logisch und liebevoll zu sein, sondern auch einige Emotionen zu zeigen, selbst wenn es weniger dramatisch ist als bei Ihrem Partner und Sie meistens ein aktiver Zuhörer sind. Alle vier brauchen auch viel Zeit, um sich zurückzuziehen, und viel Zeit mit Ihnen, damit sie sich selbst besser verstehen und Sie sie möglicherweise besser verstehen können.

Denken Sie auch daran, dass die vier nicht deshalb Emotionen in Ihnen wecken, weil sie grausam sind, sondern weil sie sich einsam und abgelehnt fühlen. Lassen Sie sie hier nicht im Stich. Ermutigen Sie sie stattdessen, Zeit zu finden, um ihre eigene Spiritualität zu erforschen (auch durch Religion oder die Suche nach einer höheren Macht) und sich um ihre körperliche oder geistige Gesundheit zu kümmern. Schließlich können Sie ihnen die Erlaubnis geben, etwas Freiraum zu haben, während Sie ihnen gleichzeitig Ihre Liebe versichern.

- Typ vier mit Typ eins: Sie sind eher organisiert und kreativ.

- Typ vier mit Typ zwei: Sie neigen dazu, romantisch und zärtlich zu sein.

- Typ vier mit Typ drei: Sie neigen dazu, sowohl leidenschaftlich als auch produktiv zu sein.

- Typ vier mit Typ vier: Sie neigen dazu, sowohl einfühlsam als auch kreativ zu sein.

- Typ vier mit Typ fünf: Sie neigen dazu, leidenschaftlich und konzentriert zu sein.

- Typ vier mit Typ sechs: neigen dazu, sowohl kreativ als auch loyal zu sein.

- Typ vier mit Typ sieben: Sie neigen dazu, sowohl idealistisch als auch leidenschaftlich zu sein.

- Typ vier mit Typ acht: neigen dazu, sowohl kreativ als auch motiviert zu sein.

- Typ vier mit Typ neun: Sie sind eher nachdenklich und entspannt.

Kapitel 3 - Die Kopf-Typen des Enneagramms

Kopftypen reagieren zunächst mit Analyse. Sie knüpfen auf intellektueller Ebene Kontakte zu anderen und machen sich ein Bild von der Welt, indem sie die Systeme und Theorien verstehen, die hinter dem stehen, was sie beobachten. Diese Typen konzentrieren sich in erster Linie auf die Kontrolle, die sie durch die Aufrechterhaltung von Stabilität, Sicherheit und Kompetenz erlangen. Die Typen fünf, sechs und sieben sind die kopfzentrierten Enneagramm-Typen.

Typ fünf

Die Forscherin

Fünfer wollen verstehen und wissen und können besser mit Daten umgehen als andere Menschen. Die größte Angst des Typs Fünf ist es, von den eigenen Bedürfnissen oder den Bedürfnissen anderer überfordert zu werden.

Die Fünf des Enneagramms zeichnen sich durch den Wunsch aus, ihre Energie zu bewahren und zu vermeiden, dass sie durch den Kontakt mit der Außenwelt erschöpft wird. Sie konzentrieren sich darauf, informiert und kompetent zu sein, damit sie sich so weit wie möglich selbst versorgen können.

Alle fünf genießen es, ihr Verständnis für die Welt zu vertiefen, ihren Intellekt zu erweitern und gleichzeitig ihre körperlichen und zwischenmenschlichen Bedürfnisse zu minimieren.

Tiefste Angst: Die Fünf fürchten, von ihren eigenen Bedürfnissen und den Bedürfnissen anderer überfordert zu werden. Um mit dieser Angst fertig zu werden, ziehen sie sich aus Beziehungen zurück und pflegen einen minimalistischen Lebensstil, wobei sie sich auf das Intellektuelle als Flucht vor den Anforderungen der Welt konzentrieren.

Zentrale Motivationen: Alle fünf sind durch den Wunsch motiviert, kompetent zu sein und ein solides Verständnis ihrer Umwelt zu besitzen. Diese Motivation führt dazu, dass sie fast ständig lernen und Wissen anhäufen.

Die wichtigsten Persönlichkeitsmerkmale der 5

- Scheint in Gedanken verloren oder abgelenkt zu sein

- Innenwelt extrem schwer zu entschlüsseln

- Vertieftes Wissen über bestimmte Themen von Interesse.

- Sie gibt aufschlussreiche und durchdachte Antworten.

- Denken Sie gut nach, bevor Sie sprechen

- Hat klare Grenzen zwischen Familie, Freunden und Arbeit.

- Zurückgezogen und extrem unabhängig.

Wie selten sind die Enneagramm 5?

- In einer Studie mit über 54.000 Befragten wurde festgestellt, dass Typ 5 etwa 10 % der Bevölkerung ausmacht. Typ fünf ist häufiger bei Männern anzutreffen und betrifft nur 7 % der Frauen im Vergleich zu 14 % der Männer.

Enneagramm Typ 5 in der Tiefe

Die Forscher sind die Pioniere des unabhängigen und kritischen Denkens. Sie sind wissbegierig und neugierig auf die Zusammenhänge zwischen den zugrunde liegenden Themen und Geheimnissen des Universums.

Forscher sind im Allgemeinen introvertiert und analytisch und sammeln und verarbeiten Informationen, um Muster und Ideen zu konstruieren und zu synthetisieren.

Ihre Arbeitsräume sind eher minimalistisch, mit Ausnahme einer Sammlung von Gegenständen, die mit ihren Hauptinteressen zusammenhängen. Sie sind auch sehr unangepasst und kümmern sich wenig um Trends oder akzeptierte Wege, die Lebensphasen zu durchlaufen.

Typ fünf ist der introvertierteste der Enneagramm-Typen, in dem Sinne, dass er den größten Teil seiner Aufmerksamkeit und Energie nach innen richtet. Anstatt sich auf Beziehungen zu konzentrieren, liegt das Hauptaugenmerk der Fünf auf der Gewinnung von Einsichten.

Da sie nur wenig Energie für äußere Anforderungen haben, sind die Fünf darauf bedacht, ihre Energie für die Dinge zu sparen, die am wichtigsten sind. Dies kann dazu führen, dass die Person zurückgezogen und desinteressiert an den Ereignissen der Außenwelt erscheint.

Forscher gehören zur "kopflastigen" Triade des Enneagramms, zusammen mit dem Skeptiker Typ sechs und dem Enthusiasten Typ sieben. Die Typen in dieser Triade sind durch ihre unterschiedlichen Reaktionen auf Angst motiviert. Alle fünf versuchen, Angst und Unruhe zu vermeiden, indem sie sich zurückziehen und ihre inneren Ressourcen sorgfältig schützen.

Alle fünf sind autark und sehnen sich nach Freiheit und Autonomie von den Einflüssen der Außenwelt. Das wahre Wachstum eines Forschers findet jedoch statt, wenn er oder sie lernt, andere Menschen an sich heranzulassen und sich zu öffnen, um Liebe und Unterstützung zu erhalten.

Enneagramm 5: Flügel

5w4: Der Typ 5w4 ist eine Fünf, die viele Ähnlichkeiten mit dem individualistischen Typ Vier aufweist. Wie die Vier neigen auch 5w4 dazu, mehr mit ihren Gefühlen in Berührung zu kommen und sind ausdrucksstärker als andere Fünfer. Dieser Typus neigt dazu, kreativ, nachdenklich und sensibel zu sein. Zu den üblichen Laufbahnen dieses Typs gehören Autor, Komponist, Erfinder, Lehrer und Ingenieur.

5w6: Enneagramm Fünf mit Flügel 6 Sechs sind Fünfer, die sich auf verschiedene Eigenschaften des Typs Sechs beziehen. Die 5w6 sind praktisch, hilfsbereit und organisiert. Obwohl 5w6 immer noch sehr unabhängig sind, neigen sie dazu, kooperativer und loyaler zu sein als andere Fünfer. Sie zeichnen sich durch ihre Fähigkeit aus, Probleme zu lösen. Sie zeichnen sich durch ihre Fähigkeit aus, Probleme zu lösen und komplexe Aufgaben zu bewältigen. Beliebte Berufe für diesen Typ sind Buchhaltung, Informatik, Strafverfolgung, Mathematik und Ingenieurwesen.

Enneagramm-Kernwerte 5

- Freiheit und Autonomie sind für Forscher von größter Bedeutung. Sie träumen oft davon, den Rest ihres Lebens allein in einer abgelegenen Gegend zu arbeiten und zu forschen.

- Fünfer neigen dazu, sich wenig um gesellschaftliche Feinheiten und Bräuche zu scheren, und sind fasziniert von den Möglichkeiten des Unbekannten.

- In Zeiten der Ungewissheit und Verwirrung bewahren Forscher eine ruhige und beständige Denkweise, um zu analysieren und die beste Vorgehensweise im Gesamtbild der Dinge zu entdecken.

- Die Forscher schätzen vor allem Unabhängigkeit, Freiheit und Verständnis.

Wie man ein Enneagramm 5 erkennt

Forscher sind oft stoisch und distanziert. Sie sind fasziniert von der sich ständig erweiternden Welt der unerforschten Ideen.

Alle fünf haben viel Energie, wenn sie stundenlang allein sind und an ihren persönlichen Projekten und Forschungen tüfteln. Der Weg zur Meisterschaft in einem bestimmten Bereich ist eine Reise, die jeder Forscher auf eigene Faust unternimmt.

Oberflächlich betrachtet mögen sie ruhig und gefasst wirken, aber wenn im Gespräch interessante Themen auftauchen, verwandeln sich die Fünf in eine schwindelerregende, energiegeladene Version ihrer selbst. Dieser plötzliche Gangwechsel mag für diejenigen, die die verborgenen Leidenschaften des Forschers nicht kennen, überraschend sein.

Gesundes vs. ungesundes Enneagramm 5

Wenn sie gesund sind, werden sie zu Pionieren des Denkens in ihren Interessensgebieten und gelten allgemein als integraler Bestandteil des intellektuellen Fortschritts der Gesellschaft. Sie sehen große, komplexe Probleme mit Klarheit und Präzision. Durch ihr Engagement und ihre echte Neugier können sie Veränderungen anstoßen und soziale Bewegungen vorantreiben. Das Unmögliche wird für Forscher möglich, die mit ruhigem Gewissen neue Erfindungen, Systeme und Denkweisen hervorbringen können. Sie werden zu Fachleuten, die ihr Wissen und ihre Entdeckungen mit der Öffentlichkeit teilen. Mit ihrem Talent, Kompliziertes zu vereinfachen, haben Forscher das Potenzial, bisher unverständliche Themen mit radikaler Klarheit zu vermitteln.

Im Durchschnitt sind die Fünf unkonventionell, zurückhaltend und emotional verschlossen. Sie haben vielleicht ein paar ausgewählte esoterische Interessen, die sie vor der Öffentlichkeit verbergen, und ziehen es vor, eine reservierte und unnahbare Ausstrahlung zu zeigen. Sie sind in den Themen, die sie interessieren, gut bewandert und werden von ihren Mitschülern vielleicht als "Bücherwurm" angesehen. In ihrer Freizeit nutzen die Forscher die verschiedenen Welten, die sie in ihren Köpfen erschaffen haben, um dem Alltag zu entfliehen, z. B. um Hausarbeiten oder Besorgungen zu erledigen. Sie können sich zum Beispiel in ihre große Büchersammlung vertiefen oder in ihrer Freizeit strategische Brett- oder Kartenspiele spielen.

Wenn sie ungesund sind, schotten die Fünf ihre gesamte soziale Welt ab und können einen Tunnelblick entwickeln. Sie beginnen, ferne und radikale Visionen zu haben und verlieren den Bezug zur Realität. Wenn es den Forschern an emotionalem Bewusstsein und Weitsicht mangelt, können sie sich in hitzige Auseinandersetzungen ohne klare Antworten verwickeln. Infolgedessen könnten einige Freundschaften in diesem Prozess zerbrechen, was die Forscher zweifellos beunruhigen würde. Sie können sich einreden, dass es ihnen ohne die Anwesenheit von Menschen besser geht, und beschließen, der realen Welt zu entfliehen. Darüber hinaus kann es passieren, dass sie von weit hergeholten Theorien abhängig werden, die nur wenige verstehen können, und sich hartnäckig an ein Gefühl der intellektuellen Überlegenheit klammern. Dies führt letztlich zu einer weiteren Entfremdung der Menschen. Schlimmstenfalls können Forscher menschenfeindlich und verbittert werden.

Wachstumstipps für Enneatype 5

- **Beschäftigen Sie sich mit gesunden Hobbys, die Sie aus dem Kopf bringen.** Fünfen fällt es oft schwer, sich zu entspannen und den gegenwärtigen Moment zu genießen. Laufen, Tanzen, Yoga und andere Aktivitäten, die Sie in Bewegung und in Kontakt mit Ihrem Körper bringen, können Ihnen helfen, sich auf gesunde Weise zu entspannen.

- **es ist in Ordnung, um Hilfe zu bitten!** Alle fünf wünschen sich völlige Autonomie und wollen sich selbst versorgen. Aber wahrscheinlich haben Sie Menschen in Ihrem Leben, die Ihnen gerne helfen würden, wenn Sie sie darum bitten! Achten Sie auf Zeiten, in denen Sie zu viel zu tun haben - gibt es jemanden, der Ihnen helfen kann? Scheuen Sie sich nicht, um Unterstützung zu bitten, wenn Sie sie brauchen.

- **Verlassen Sie Ihre Komfortzone.** Manchmal sind es die Dinge, die wir am wenigsten wollen, die wir am meisten brauchen. Wenn Sie die Gelegenheit haben, etwas außerhalb Ihrer Komfortzone zu tun, z. B. an einer großen gesellschaftlichen Veranstaltung teilzunehmen, üben Sie öfter "Ja" zu sagen.

- **Erforschen Sie Ihre Gefühle.** Alle fünf nutzen das Sammeln von Informationen und Wissen, um emotionales Unbehagen zu vermeiden. Fordern Sie sich selbst heraus, sich mit Ihren Gefühlen auseinanderzusetzen und zu analysieren, was Sie möglicherweise verdrängen. Versuchen Sie aufzuschreiben, wie Sie sich fühlen, und machen Sie eine Liste von Maßnahmen, die Sie ergreifen können (außer Ignorieren), um mit diesen Gefühlen umzugehen.

- **Lernen Sie, das Feedback der Außenwelt zu akzeptieren.** Die Fünf können so tief in einen Kaninchenbau abtauchen, dass sie sich jeglicher Kritik oder Rückmeldung von anderen verschließen. Sie könnten annehmen, dass ein Feedback nutzlos ist, wenn Sie mehr über ein Thema wissen als jemand anderes. Aber es ist wichtig, offen zu bleiben und zu lernen, unterschiedliche Perspektiven zu erkennen und zu berücksichtigen.

Berühmte Enneagramm Typ 5s

- Albert Einstein

- Bill Gates

- Jane Goodall

- Agatha Christie

- Stephen King

- Jane Austen

- Diane Sawyer

- Mark Zuckerberg

- Emily Dickinson

- Tim Burton

- Stephen Hawking

- "Fox Mulder (*Akte X*)

- "Schönheit" (*Die Schöne und das Biest*)

- "Sherlock Holmes" (*Sherlock Holmes*)

- "Dr. Casa Gregorio (*Casa*)

- Lisbeth Salander ("*The Girl With The Dragon Tattoo*")

Typ 5 in Beziehungen

Enneagramm-Fünfer sind fokussiert, geheimnisvoll und neigen dazu, am Anfang einer Beziehung recht romantisch zu sein. Ihr Geschmack kommt zum Vorschein, wenn sie einen Partner finden, der sie fasziniert, und obwohl sie dazu neigen, ängstlich gegenüber der Außenwelt zu sein und sich zu isolieren, heiraten sie oft recht glücklich mit jemandem, den sie lieben und dem sie vertrauen. Wenn sie das Interesse verlieren, liegt das in der Regel daran, dass sie einen Freund mit einer gemeinsamen Nische kennen gelernt haben, dass sie den Spaß und die Faszination der Beziehung verloren haben, als sie ihren Ehepartner entdeckten, oder dass sie sich überfordert fühlten.

Aber selbst wenn sie müde werden oder sich langweilen, ist es für die Fünf wichtig, sich daran zu erinnern, dass keine Beziehung sie perfekt befriedigen wird, aber es bedeutet trotzdem, dass wir auftauchen und es versuchen. Darüber hinaus müssen die fünf erkennen, dass sie, wenn sie tiefer in das Loch der Nachforschungen eindringen, die Energie verlieren, die aus der Tugend der Offenheit gewonnen werden kann. Sie müssen versuchen zu verstehen, dass keine noch so große Forschungsarbeit den ständigen Mangel an Vertrauen in ihre Fähigkeiten ausgleichen kann, den eine Fünf im Innersten verspürt. Anstatt zu versuchen, Informationen oder Güter anzuhäufen, um sich gegen diesen empfundenen Mangel zu wehren, müssen die Fünf lernen, sich mit "genug" und nicht mit "allem" zufrieden zu geben. Der Verzicht auf Kontrolle und das Vertrauen auf Gott oder eine höhere Macht kann für Fünflinge oft ein nützliches Mittel sein, um sich auf ihre Stärken zu besinnen oder zumindest zu versuchen, Vertrauen in den Prozess des Ausruhens und des aktiven Teilens zu gewinnen.

Emotional haben die Fünf Schwierigkeiten, sich von ihren zurückgezogenen, auf die Vergangenheit fokussierten Gefühlen und ihrer gehemmten Haltung zu lösen und zu einer emotionalen Verarbeitung zu gelangen, selbst wenn ihr Ehepartner oder andere Personen versucht haben, dies mit ihnen zu teilen. Das liegt daran, dass sie Angst vor ihrer mangelnden Kompetenz haben. Dies kann die Folge einer Demütigung, einer Krankheit, einer Form von Mobbing, eines großen Mangels oder eines tiefen Gefühls der Überforderung sein, von dem man sich nur schwer erholen konnte.

Wenn Sie ein fünfjähriges Kind lieben, denken Sie daran, dass es ein paar Tage braucht, um seine und Ihre Gefühle logisch zu verstehen, und dass es nicht willens und wahrscheinlich auch nicht in der Lage ist, das gleiche Maß an Sozialisierung zu leisten wie Sie. Denken Sie aber auch daran, dass ihre Liebe sehr groß ist und sie vielleicht in kleinen, aufmerksamen Handlungen an Sie denken, die viel von ihrer Zeit und Energie in Anspruch nehmen. Die Partner von Fünfen entscheiden sich im Allgemeinen zunächst für Fünfen, weil sie sich auf sie konzentrieren, weil sie entspannt sind und weil sie witzig und stabil sind. Daher ist es nützlich, wenn sie keine Dinge verlangen, die Fünfen nicht geschenkt werden, wie z. B. die Tatsache, dass sie der Mittelpunkt einer Party sind oder spontan sind. Es ist auch sehr wichtig, eine fünfköpfige Gruppe zu bilden, denn sie brauchen ihre Ermutigung, um die oft anstrengenden Tage der analytischen Bearbeitung zu überstehen. Ermutigung zur Selbstfürsorge, insbesondere durch körperliche Betätigung,

Auch wenn sie in der Vergangenheit ein Trauma oder eine Krankheit erlitten haben, sollten Sie Ihre Fünf daran erinnern, einen Tag nach dem anderen zu nehmen, aber ihre Geschichte und ihren Weg zu würdigen, wenn sie sich schließlich öffnen. Wenn sie nicht in der Lage sind, ihre Gefühle mitzuteilen, helfen Sie ihnen, dies mit Hilfe eines Beraters oder Coaches nach und nach zu verarbeiten, aber verstehen Sie, dass es oft schwierig ist, Zugang zu ihren Gefühlen zu finden. Wenn Sie das wissen, sollten Sie ihnen oft gesunde Gedanken über sich selbst und Ihre Beziehung vermitteln und sie wissen lassen, für wie stark Sie sie halten, wie sehr Sie sie schätzen und wie sehr Sie sie bewundern.

- Typ fünf mit Typ eins: Sie sind eher zielgerichtet und praktisch veranlagt.

- Typ Fünf mit Typ Zwei: Sie sind eher anhänglich und konzentriert.

- Typ fünf mit Typ drei: neigen dazu, sowohl projektorientiert als auch projektgetrieben zu sein.

- Typ fünf mit Typ vier: Sie neigen dazu, sowohl introvertiert als auch leidenschaftlich zu sein.

- Typ fünf mit Typ fünf: Sie sind eher zielgerichtet und innovativ.

- Typ fünf mit Typ sechs: neigen dazu, sowohl analytisch als auch planerisch zu sein.

- Typ fünf mit Typ sieben: Sie neigen dazu, innovativ und inspiriert zu sein.

- Typ fünf mit Typ acht: neigen dazu, sowohl verankert als auch stark zu sein.

- Typ fünf mit Typ neun: Sie sind eher sicher und bequem.

Typ sechs

Der Skeptiker

Sechser sind sicherheitsbewusst, sicherheitsorientiert und wollen auf Probleme vorbereitet sein. Für den Typ sechs besteht die größte Angst darin, unvorbereitet zu sein und sich nicht gegen Gefahren wehren zu können.

Alle sechs zeichnen sich durch ihren Wunsch nach Sicherheit und Geborgenheit aus. Sie versuchen, Risiken zu antizipieren und zu vermeiden, und verbünden sich mit vertrauenswürdigen Autoritätspersonen und Institutionen.

Die sechs schauen immer nach vorne, um zu sehen, was schief gehen könnte, damit sie sich darauf einstellen können.

Die sechs Personen haben Angst, unvorbereitet zu sein und sich nicht vor Gefahren schützen zu können. Um mit dieser Angst fertig zu werden, versuchen sie, auf alles vorbereitet zu sein, was passieren könnte.

Sie werden durch ihr Bedürfnis nach Sicherheit und Schutz motiviert. Sie sind daher sehr loyal gegenüber den Personen und Gruppen, denen sie vertrauen.

Die wichtigsten Persönlichkeitsmerkmale der 6

- Starke Identifikation mit einer sozialen Gruppe.
- Organisiert und geliebt
- Gutes Finanzmanagement
- Ausgezeichneter Teamplayer
- Er gehört zu einer engen Gruppe von Freunden.
- Klare Kommunikatoren
- Detailorientiert und präzise

Wie selten sind die Enneagramm 6?

- In einer Studie mit über 54.000 Befragten wurde festgestellt, dass etwa 10 % der Bevölkerung Typ 6 haben, 10 % der Frauen und 9 % der Männer.

Enneagramm Typ 6 in der Tiefe

Sechser sind hart arbeitende Menschen, die Teil einer Gruppe sein und ihren Platz in der Welt finden wollen.

Sie äußern sich auf zwei verschiedene Arten. Es kommt darauf an, wie nervös sie sind und wie sie sich der Welt gegenüber verhalten. Sie können phobisch oder antiphobisch sein.

Phobische Sechser versuchen, sich von Dingen fernzuhalten, die ihnen Angst machen, um keine Aufmerksamkeit auf sich zu ziehen. Sie gehen offen und ehrlich mit ihren Fehlern und Schwächen um, so dass andere ihre Situation und ihre Denkweise verstehen können. Dies ist ihr wichtigstes Mittel, um sich der Manipulation zu entziehen.

Die sechs Kontraphobiker hingegen haben eine irrationale und nervöse Angst vor der Angst selbst, die sie dazu bringen kann, die Regeln zu brechen. Sie versuchen, nach außen hin ein Bild der Unabhängigkeit zu vermitteln: ein hartes Äußeres, um ihre Zweifel im Inneren zu verbergen.

Schlechte Erfahrungen in der Kindheit, überfürsorgliche Eltern oder das Leben an einem unsicheren Ort können dazu geführt haben, dass die Sechs in ihrer Jugend anders über die Welt dachten. Für diesen Typus ist alles und jeder außerhalb des Vertrauenskreises der Sechs gefährlich.

Sechser sind sehr logische Menschen. Sie planen für die Zukunft und denken stets daran, wie sie sich und ihre Angehörigen vor Schaden bewahren können. Bei Menschen, die "Überlebenskünstler" sind, denkt man oft, dass sie viele Züge des sechsten Enneagramms haben.

Der Enneagramm-Typ sechs ist Teil der "Kopf-basierten" Triade mit Typ fünf und Typ sieben sowie Typ acht. Jeder dieser Typen ist mit Angst verbunden, aber Typ sechs hat am unmittelbarsten mit Angst zu tun.

Sie sind loyal, vertrauenswürdig, ehrlich und beschützend. Eine gesunde Sechs ist jemand, den man an seiner Seite haben möchte, weil er so ist, wie er ist: Sechser können manchmal Entscheidungen treffen, die auf Angst basieren, und Vorhersagen treffen, die wahr werden.

Enneagramm 6: Flügel

6w5: Sechsflüglige Fünfertypen sind Sechser, die viel mit Fünfertypen gemeinsam haben, zum Beispiel, dass sie Flügel haben. Im Allgemeinen sind 6w5er autarker und leiser als andere Sechser. Sie vertrauen weniger auf andere Menschen und ziehen es vor, allein gelassen zu werden.

6w7: Geflügelte Sechser sind Sechser, die in mancher Hinsicht den Siebenern ähnlich sind. Diese Sechser sind offener und freundlicher als andere Sechser. Sie können gut auf die Bedürfnisse anderer eingehen und sind gerne Teil von Gruppen und Kollektiven.

Enneagramm 6s Kernwerte

- Sicherheit, Engagement und ein Gefühl der Verbundenheit mit der Gruppe sind die Triebfedern für das Handeln der Sechs. Sie werden von den Menschen in ihrem Leben stark gehalten, die einen Platz in ihrem Herzen verdient haben.

- Auf der Suche nach Sicherheit schätzen die Sechs diejenigen, die ihnen ihre Bedeutung und Verbundenheit versichern können.

- Vertrauen ist der entscheidende Wert für die Sechs: Bei all der Zeit, die sie damit verbringen, eine Reihe von Was-wäre-wenn-Szenarien durchzudenken, ist es außerordentlich beruhigend zu wissen, dass jemand hinter ihnen steht.

- Die sechs suchen den Frieden in sich selbst, auch wenn sich dies zunächst als Herausforderung erweist. Durch Versuch und Irrtum bauen die sechs mit der Zeit Vertrauen auf, um jede Situation effektiv zu meistern.

Wie man ein Enneagramm 6 erkennt

Die Sechs sind unprätentiös und tolerant, sie sind perfekt in das soziale Leben integriert und immer bereit, ihren Angehörigen zu helfen. Sie sind sehr gut darin, Geheimnisse zu bewahren und nehmen die Privatsphäre sehr ernst.

Am Arbeitsplatz sind die Sechs die Mitarbeiter, die mit Leichtigkeit Überstunden machen, um der Organisation zu helfen und den reibungslosen Ablauf der Aktivitäten zu gewährleisten.

Alle sechs wollen sicher sein, dass sie das Richtige getan haben und riechen Ärger schon von weitem. Sie haben vielleicht eine gedankliche Liste mit Problemlösungsrichtlinien für Situationen, die sie in der Vergangenheit erlebt haben, angelegt. Wenn sie wieder mit gefährlichen Situationen konfrontiert werden, haben sie das Gefühl, mehr Verantwortung zu übernehmen.

Enneagramm 6s gesund vs. ungesund

Wenn sie gesund sind, sind die Sechs fürsorgliche, großzügige und aufmerksame Teamplayer, die ihre Kollegen und Freunde in eine positive Richtung bewegen. Sie sind wertvolle, fleißige Mitarbeiter, die stolz darauf sind, einer Organisation zu dienen, und die sich sehr bemühen, ihre Fähigkeiten zu verbessern. In Stresssituationen wissen sie, wie man mit den Nerven umgeht und sie mit Finesse auflöst. Sie entwickeln einen starken Bindungsstil und können anderen schnell vertrauen. Mit Geduld und Mut können Sechser lernen, ihre eigene Unabhängigkeit zu akzeptieren und frei in der Welt zu sprechen. Im besten Fall können die Sechser ihre Sorgen beiseite schieben und sich auf Dinge konzentrieren, die sich jetzt ändern können, wie zum Beispiel das Wetter.

Wenn sie normal sind, sind Sechsen sehr intelligent, aber auch sehr skeptisch und wollen immer wissen, ob sie das Richtige getan haben und die Anerkennung anderer bekommen. Sie wissen, dass sie Fehler haben und dass sich ihr Selbstwertgefühl von Zeit zu Zeit ändern kann. Wenn es eine Lücke zwischen den Sechs und der Gruppe gibt, werden sie unruhig und nervös. Die Sechser denken vielleicht darüber nach, was schief gehen könnte, bevor sie eine Aufgabe in Angriff nehmen, um Enttäuschungen zu vermeiden. Wenn sie Nachrichten oder Informationen erhalten, neigen sie dazu, diese zu sehr zu überdenken, was sie noch mehr stresst und verwirrende Signale aussendet. Die Menschen um sie herum wissen nicht, was sie davon halten sollen, und so wird alles zu einem Kreislauf der Sorgen.

Im Falle einer Krankheit werden die Sechsen sehr misstrauisch gegenüber allem und jedem, der ihren Weg kreuzt. Sie werden wahrscheinlich ängstlich, weil sie immer auf der Suche nach Anzeichen sind, dass etwas Schlimmes passieren könnte (real oder eingebildet). Sie beginnen vielleicht zu glauben, dass andere versuchen, sie zu betrügen, obwohl sie sehr gut darin geworden sind, sich selbst zu betrügen. Wenn die Dinge vom Regen in die Traufe kommen, fühlen sich die Sechs vielleicht überfordert und deprimiert, weil sie glauben, dass sie immer in Gefahr sind. In ihrer Vorstellung brauchen sie also jemanden, der sie beschützt, um jeden Tag zu überstehen (auch Co-Abhängigkeit genannt). Wenn sie müde und wütend sind, projizieren die Sechs ihre Unsicherheiten auf andere und behaupten, sie hätten etwas getan, obwohl alles von Anfang an geplant und durchdacht war.

Wachstumstipps für Enneatype 6

- Die Zügel in die Hand nehmen. Sechstklässler betrachten das Leben im Allgemeinen als eine Reihe von Ereignissen, die ihnen widerfahren, und nicht als eine Reise, bei der sie die Richtung des Schiffes bestimmen. Irgendwann in ihrem Leben können Sechstklässler die Macht, die sie haben, erkennen und selbst in die Hand nehmen. Sie können dann mutiger und kühner sein, wenn sie in die Welt hinausgehen.

- Achten Sie darauf, wie Sie Ihre eigenen sich selbst erfüllenden Prophezeiungen schaffen. Eine selbsterfüllende Prophezeiung liegt vor, wenn man etwas in die Tat umsetzt, weil man zu sehr davon besessen ist. Sechser tun dies, wenn sie sich von ihrer Angst überwältigen lassen und sehr ängstlich werden. Angenommen, eine Sechs macht sich Sorgen, dass ihr Partner nicht mehr an ihr interessiert ist. Das kann die Beziehung stressiger machen, als sie es sonst wäre.

Arbeiten Sie daran, Ihren Freunden und Angehörigen zu vertrauen. Mit anderen Worten: Denken Sie nicht, dass alle hinter Ihnen her sind. Diese Art von Skepsis kann es Menschen schwer machen, gesunde Beziehungen zu führen. Mit der Zeit werden die sechs in der Lage sein, mehr Vertrauen in die Menschen in ihrem Leben zu haben. Dadurch können sie stärkere und sinnvollere Beziehungen zu anderen aufbauen.

Entwickeln Sie gesunde Gewohnheiten, um Ängste loszuwerden. Sechser verbringen viel Zeit im Kopf, daher ist es wichtig, Gewohnheiten zu praktizieren, die es Ihnen ermöglichen, Ihre Energie für Ihren Körper statt für Ihren Kopf zu verwenden. Obwohl Bewegung für jeden wichtig ist, ist sie besonders wichtig für Menschen, die eine Sechs erreichen wollen, weil sie ihnen hilft, sich mehr auf die Gegenwart zu konzentrieren und Stress abzubauen...

Berühmte Person mit Enneagramm-Typ 6

- Mark Twain

- George H.W. Bush

- Joe Biden

- Prinz Harry

- Marilyn Monroe

- Woody Allen

- Ricardo Nixon

- Jennifer Aniston

- Kristen Stewart

- Mindy Kaling

- Miguel Moore

- Julia Roberts

- Sarah Jessica Parker

- Limbaugh-Fieber

- Ellen Degeneres

- David Letterman

- Tom Hanks

- David Sedaris

- "Hamlet" (*Hamlet*)

- Ron Weasley" (*Harry Potter*)

- "Mulan" (*Mulan*)

- "Dwight Schrute (*The Office*)

- "Ben Wyatt (*Parks & Recreation*)

- "Dre Johnson" (*Blackish*)

Typ 6 in Beziehungen

Enneagramm-Typ sechs in einer romantischen Beziehung neigt dazu, sehr liebevoll, rücksichtsvoll und beschützend gegenüber denjenigen zu sein, die ihm wichtig sind, und ist sich auch seiner eigenen Bedürfnisse bewusst. Wenn sie nicht so gesund sind, können sie ängstlich sein und erstarren, anstatt sich auf das zuzubewegen, was sie tun müssen. Sie planen oft für den schlimmsten Fall, um sicherzugehen, dass sie vorbereitet sind, und haben Schwierigkeiten, sich auf die Tatsache zu konzentrieren, dass der Ehepartner oder Partner nicht immer kontrolliert werden will oder einen Plan für alles hat.

Die Sechs müssen auch lernen, dass Menschen sie manchmal im Stich lassen, was aber nicht bedeutet, dass man ihnen nicht vertrauen kann. Manchmal ergeben sich Dinge spontan. Die Sechs müssen lernen, dass das Leben ein noch spannenderes Abenteuer ist, wenn man lernt, manche Dinge einfach hinzunehmen.

Wenn sechs Personen zulassen, dass die Angst sie einschränkt, indem sie perfekte Grenzen und heile Beziehungen schaffen, dann gibt es nur sehr wenig Wachstum, selbst wenn das Leben glatt läuft. Sechser tun am besten daran, ihren mutigen Weg zurück zu Hoffnung und Vertrauen zu würdigen. Ihre Ehepartner tun gut daran, sie die Ängste jeden Tag eine Weile verarbeiten zu lassen, dann aber zu Dankbarkeit und Planung überzugehen.

Wenn Sie eine Sechs lieben, denken Sie daran, dass sie sich oft Sorgen machen, dass sie sich selbst nicht trauen können, weil sie sich in ihrer Vergangenheit unsicher gefühlt haben. Jetzt projizieren sie auf Sie oder erwarten von Ihnen, dass Sie alle ihre Bedürfnisse erfüllen, aber Sie müssen dem widerstehen und sie für sich selbst sorgen lassen. Ob durch das Führen eines Tagebuchs, um die eigenen Gedanken zu verarbeiten, durch Meditation, Bewegung oder andere Maßnahmen - Selbstfürsorge kann den Sechs helfen, sich aus der Sackgasse zu befreien und ihren Körper und Geist zu stärken.

Wenn sie sich vor Ihnen zu viele Sorgen machen, sollten Sie zeitlich begrenzte Sorgensitzungen mit ihnen einplanen, anstatt Ihnen die Kontrolle über ihren Zeitplan zu überlassen, und sie ermutigen, sich Zeit zu nehmen, um sie verbal zu verarbeiten, so unangenehm dies auch zunächst erscheinen mag. Wenn sie ein gläubiges Leben führen, wird es für alle sechs hilfreich sein, ein Bibelmemory über Angst und Mut zu machen.

Ziel ist es nicht, gesunde Risiken zu vermeiden, sondern eine gesunde Sicherheit und die Verwirklichung ihrer wunderbaren und liebevollen Ziele zu planen, sowohl als Einzelpersonen als auch als Paar mit ihrem geliebten Partner.

- Typ sechs mit Typ eins: Sie sind eher planungs- und pflegeorientiert.

- Typ sechs mit Typ zwei: Sie neigen dazu, selbstbewusst und anhänglich zu sein.

- Typ sechs mit Typ drei: neigen dazu, sowohl innovativ als auch planungsorientiert zu sein.

- Typ sechs mit Typ vier: Sie neigen dazu, sowohl loyal als auch kreativ zu sein.

- Typ sechs mit Typ fünf: Sie neigen dazu, sowohl analytisch als auch planerisch zu sein.

- Typ sechs mit Typ sechs: Sie sind eher praktisch und anhänglich.

- Typ sechs mit Typ sieben: Sie sind eher praktisch und lustig.

- Typ sechs mit Typ acht: neigen dazu, loyal und stark zu sein.

- Typ sechs mit Typ neun: Sie sind eher praktisch und bequem.

Typ sieben

Der Enthusiast

Siebener wollen so viel Spaß und Abenteuer wie möglich haben und langweilen sich leicht. Typ Sieben hat Angst vor emotionalem Schmerz, insbesondere vor Traurigkeit, und versucht aktiv, ihn zu vermeiden, indem er sich beschäftigt.

Die sieben werden durch ihren Wunsch definiert, alles zu erleben, was das Leben zu bieten hat, und dabei Schmerz und Langeweile zu vermeiden. Auf andere wirken sie lebendig, lebenslustig und hedonistisch.

Siebener sind oft vielbeschäftigte Menschen, die von einer Aktivität zur nächsten springen, um so viel Freude wie möglich aus dem Leben zu schöpfen.

Tiefste Angst: Alle sieben haben Angst vor Stagnation und davor, das gute Leben zu verpassen. Sie gehen mit dieser Angst um, indem sie ständig nach aufregenden, neuen und lustigen Erfahrungen suchen.

Hauptmotivationen: Die sieben wollen vor allem vermeiden, dass sie sich langweilen, traurig oder uninspiriert fühlen.

Die wichtigsten Persönlichkeitsmerkmale der 7

- Immer in Bewegung

- Breites Spektrum an Interessen

- Enthusiasmus und kindliche Energie.

- Neugierige und funkelnde Augen

- Viele laufende berufliche und kreative Projekte.

- Fröhlich und optimistisch; das Glas ist halbvoll

- Geliebt und beliebt unter Gleichaltrigen.

Wie selten sind die 7 des Enneagramms?

- In einer Studie mit mehr als 54.000 Befragten wurde festgestellt, dass etwa 9 % der Bevölkerung den Typ Sieben haben, 9 % der Frauen und 8 % der Männer.

Enneagramm Typ 7 in der Tiefe

Mit ihren großen Augen und ihrer unendlichen Energie sind sie die verspielten und geschäftigen Optimisten der Welt.

Ihre unermüdliche Neugier auf neue Informationen und Erfahrungen prägt ihre (oft beeindruckenden) Geschichten und ihr Talent zum Plaudern. Am Ende eines Arbeitstages schwirren ihnen oft noch neue Ideen im Kopf herum, die es zu erforschen gilt.

Sie sind charmante Geschichtenerzähler, die sich für viele verschiedene Hobbys begeistern und das Glas als halb voll betrachten. Sie sind aufgeweckt und ausdrucksstark, betrachten die Welt als ihren Spielplatz und können als die "ewigen Kinder" des Enneagramms betrachtet werden.

Die Sieben suchen Vergnügen und Aufregung, um sich von den dunklen und schmerzhaften Aspekten des Lebens abzulenken. Sie gehören zur "kopfbasierten" Triade des Enneagramms, zusammen mit den Typen fünf und sechs.

Im Gegensatz zu den Sechsen, die sich direkt mit der Angst auseinandersetzen, sind die Siebener motiviert, Ängste zu verdrängen und zu ignorieren, um positive Erfahrungen zu machen. Nach außen hin mag diese Art von Nervenkitzel furchtlos erscheinen, aber erst wenn Siebenjährige lernen, ihre Ängste zu akzeptieren, wachsen sie wirklich.

Als fröhliche und optimistische Siebener können sie negative Gefühle leicht in positive umwandeln. Innerlich minimieren sie negative Erfahrungen und suchen nach positiven Aspekten. Wenn sie gesund sind, sind Siebener äußerst aufmunternde und inspirierende Menschen. Wenn dieser Typus weniger gesund ist, kann er realitätsfremd oder sogar narzisstisch erscheinen.

Siebener neigen dazu, sehr fantasievoll und kreativ zu sein. Sie zeichnen sich dadurch aus, dass sie neue Ideen entwickeln und Erfahrungen initiieren. Allerdings können sie Probleme mit der Konzentration und Selbstdisziplin haben.

Enneagramm 7-Flügel

7w6: Die Sieben ala Sechs ist eine Sieben, die in mancher Hinsicht einer Sechs ähnelt. Dieser Typ ist im Allgemeinen disziplinierter und skeptischer als andere Siebener. Sie sind produktiv, loyal und neigen dazu, in Krisenzeiten eine starke Führungsrolle zu übernehmen. Häufige Berufe für den 7w6 sind Reiseleiter, Pilot, Detektiv, Journalist und Reiseberater.

7w8: Die Sieben-Flügel-Acht ist eine Sieben, die viele der gleichen Qualitäten wie die tpo-Acht hat. Der 7w8 erscheint im Allgemeinen härter und risikofreudiger als andere Siebener. Die siebenflügelige Acht ist selbstbewusst, durchsetzungsfähig und ermutigend. Beliebte Berufe für 7w8s sind Motivationsreden, Strafverfolgung, Fernsehnachrichten, Verkauf und Management.

Enneagramm-Kernwerte 7

- Flexibilität, Fröhlichkeit und Neuartigkeit. Abwechslung ist das Brot und die Butter des Enthusiasten (nicht das Gewürz!).

- Enthusiasten suchen nach augenöffnenden Erlebnissen und Empfindungen, um den Wert und die Bedeutung von allem zu erkennen und zu verarbeiten.

- Aufgeschlossenheit und eine vorurteilsfreie Haltung sind das, was den Enthusiasten antreibt. Sie sind der Meinung, dass jeder Mensch die Möglichkeit haben sollte, so viel wie möglich zu entdecken; jeder Moment hat seine Schönheit, wenn man nur genau genug hinschaut.

Wie man ein Enneagramm 7 erkennt

Sie sind launisch und freigeistig und erleben das Leben mit wachen Augen und einem offenen Geist. Sie verfügen über ein beeindruckend breites Spektrum an Talenten und Interessen und haben eine lebhafte Vorstellungskraft, die bei neuen und aufregenden Gelegenheiten immer wieder zum Vorschein kommt.

Bei der Arbeit sind sie sehr produktiv und kommen gut mit anderen aus. Sie neigen dazu, auf der Karriereleiter aufzusteigen und sich in der Kantine beliebt zu machen.

Ihr natürliches Charisma zieht selbst die schüchternsten Menschen an, denn es gibt unzählige Themen, über die sie sprechen können. Wenn sie mit Veränderungen konfrontiert werden, stolzieren sie vorwärts und wagen den Schritt ins Unbekannte.

Gesunde vs. ungesunde Enneagramm 7s

Wenn sie gesund sind, sehen die Sieben Verbindungen zwischen ihren Interessengebieten und Fachkenntnissen und können ihre Energie sinnvoll auf Unternehmungen konzentrieren, die etwas Größerem als ihnen selbst zugute kommen. Aus jeder Erfahrung können sie die Lehren ziehen und dankbar sein für alles, was geschieht: das Gute und das Schlechte. Sie können die Methode ihres Wahnsinns mit Finesse handhaben und andere dabei inspirieren. Ihre positive Energie ist ansteckend, und ihre Neugierde und Aufgeschlossenheit sind eine dreifache Bedrohung. Noch besser ist, dass sie in der Lage sind, ihr Berufs- und Privatleben perfekt zu vereinbaren und sich gleichzeitig Zeit für neue Reisen zu nehmen und ihr persönliches Glücksgefühl aufrechtzuerhalten.

Wenn sie durchschnittlich sind, stürzen sich Siebener in ständige Aktivität und sind ständig auf der Suche nach dem nächsten "Hoch". Sie sind lustige, geschäftige und spontane Menschen. Sie bekämpfen ihren Stress mit einer wachsenden Liste von Projekten, die Spaß machen. Sie sind Adrenalinjunkies, deren Gewohnheiten zu ernsthaften Abhängigkeiten werden können, wenn diese zerstreute Energie nicht richtig gesteuert wird. Zukunftsorientiert und fast immer aufgeregt über irgendetwas, schreiben die Enthusiasten ihr Leben um, um das Glück zu maximieren und den Schmerz zu minimieren oder sogar zu leugnen. Dazu stürzen sie sich kopfüber in verschiedene Formen des Eskapismus: von Lesen, Filmen, Sport und Romantik bis hin zu Alkohol, Psychedelika und ähnlichem.

Wenn sie ungesund sind, werden die Sieben erschöpft, zynisch und übermäßig kritisch gegenüber den scheinbar unlogischen Systemen um sie herum. Mühsame Probleme mit anderen werden sehr lästig, und alles wird plötzlich zu einem Ärgernis. Sie können auch in ihren Handlungen und ihrem Auftreten überwältigend narzisstisch werden: auffällig und überschwänglich. In den schlimmsten Fällen haben die Enthusiasten das Gefühl, dass sie nie ganz verstehen werden, was sie wirklich im Leben suchen. Wenn man von Ort zu Ort oder von Person zu Person springt, verlieren Enthusiasten das Gefühl der Erdung und scheinen in einer ständigen Fantasiewelt statt in der Realität zu leben. Wenn sie erkennen, dass die erfundene Welt nur eine Illusion ist, verlieren sie die Kontrolle über ihre Stimmungen und fallen in extreme emotionale Hochs und Tiefs.

Wachstumstipps für Enneatype 7s

- **Verlangsamen Sie und erleben Sie den Augenblick.** Siebener sind gerne beschäftigt, um sich von Gefühlen des Unbehagens abzulenken. Aus diesem Grund können sie sich nicht genug Zeit nehmen, um sich zu entspannen und präsent zu sein.

- **Lernen Sie, den Wert des Schmerzes zu erkennen.** Alle sieben wachsen, wenn sie lernen, dass es auch in der Dunkelheit Schönheit gibt. Schmerzhafte Gefühle sind nicht unbedingt "schlecht". Wenn Sie das Bedürfnis haben, sich vom Schmerz abzulenken, halten Sie inne und schauen Sie, was Sie wirklich fühlen.

- **Seien Sie bereit, in die Tiefe zu gehen.** Wenn die Sieben ihr authentisches Selbst mit der Welt teilen, können sie tiefe und bedeutungsvolle Beziehungen aufbauen. Aber wenn Sie nicht bereit sind, über die Oberfläche hinauszugehen, werden Ihre Beziehungen nie mehr als oberflächlich sein. Erlauben Sie sich, verletzlich zu sein und schwierige Gespräche zu führen, wenn es nötig ist.

- **Gewöhnen Sie sich an die Einsamkeit.** Siebener neigen dazu, extrovertiert zu sein und sich zu Erfahrungen hingezogen zu fühlen, die ein hohes Maß an sensorischer Stimulation bieten. Aber je mehr Zeit man mit sich selbst verbringt, desto bewusster wird man.

- **Üben Sie aktives Zuhören.** Anstatt anderen mit der Absicht zuzuhören, zu antworten, üben Sie sich im Zuhören, um zu verstehen. Nicht jede Aussage muss sofort beantwortet werden. Nehmen Sie sich die Zeit, über das nachzudenken, was andere sagen, und konzentrieren Sie sich darauf, durchdachte und einfühlsame Antworten zu formulieren.

Berühmte Enneagramm-Typen 7

- Elton John
- John F. Kennedy
- Miley Cyrus
- Britney Spears
- Russell Brand
- Katy Perry
- Sacha Baron Cohen
- Rotkehlchen
- Jim Carrey
- Cameron Diaz
- Eddie Murphy
- Ricardo Branson
- Steven Spielberg
- Conan O'Brien
- Andy Samberg
- Ted Danson
- Elizabeth Taylor
- Lil Nas X
- "Peter Pan
- Fred und George Weasley (Harry Potter)

- "Detective Jake Peralta" (Brooklyn 99)

- Eleanor Shellstrop (The Good Place)

- "Eddie Winslow" (Family Matters)

- Mindy Lahiri (Das Mindy-Projekt)

- "Moana" (Moana)

Typ 7 in Beziehungen

Der Enneagramm-Typ sieben ist ein lustiger und enthusiastischer romantischer Partner, der dazu neigt, unabhängig und kreativ zu sein, wenn es darum geht, Abenteuer zu planen, mit Tempo und Talent an einer Reihe von Projekten zu arbeiten und seinen Partner und sich selbst zu unterhalten. In dieser Hektik neigen sie jedoch dazu, Details zu vergessen. Sie neigen auch dazu, ihre Ängste zu verleugnen, was sie dazu veranlasst, alles zu unterlassen, was nicht einfach ist. Es kann auch dazu führen, dass sie "übermäßig verwöhnt" und egoistisch sind, weil sie ihre Bedürfnisse zuerst befriedigen wollen. Und seien wir ehrlich: Für einen weniger energiegeladenen Typ kann es schwer sein, mit dieser Extrovertiertheit Schritt zu halten, da Siebener ihren Geist und Körper fast immer außerordentlich beschäftigt halten.

Was nach oben geht, muss auch nach unten gehen, und schließlich müssen sieben Personen in einer Beziehung die notwendige Arbeit leisten, um die Beziehung über Wasser zu halten, sei es, dass sie in einen Sparfonds einzahlen, sich zurückhalten und Hausarbeiten erledigen oder sich mit dem eigentlichen Problem befassen. Die Angst, die sich hinter ihrer Freude und ihrem Spaß verbirgt. Das ist kein einfacher Prozess, wenn man bedenkt, dass ihre Ehepartner oft erwarten, dass sie auch Freude in ihre Beziehung bringen. Wie bei jedem Prozess muss es jedoch ein Gleichgewicht und eine Abwägung der Gaben mit den Tugenden geben, die im Fall der Sieben sowohl freudige Ausgelassenheit als auch Nüchternheit sind.

Alle sieben tun gut daran, jeden Tag ein paar Schritte langsamer zu gehen, einige Trainingseinheiten mit geringerer Intensität einzubauen, die Essensportionen zu kontrollieren, mehr "Nein" zu sagen und sich auszuruhen, zumindest für eine Weile am Tag. Sie tun auch gut daran, ihre Gedanken zu verlangsamen, indem sie mit Stift und Papier in ein Tagebuch schreiben und mit ihrem Ehepartner spazieren gehen (nicht rennen), um Probleme mit weniger Angst zu besprechen. Reife Sieben genießen auch spirituelle Zeiten, in denen sie Stress an eine höhere Macht abgeben oder sich der Meditation zuwenden können.

Darüber hinaus können reife Sieben Frieden und Ruhe finden, indem sie zulassen, dass sich die Pläne des Lebens anstelle ihrer eigenen entfalten, selbst wenn dies langweilig oder schmerzhaft erscheint. Dieser Prozess kann ihnen sogar zu der Erkenntnis verhelfen, dass eine Verlangsamung und ein maßvoller Lebensstil anstelle von Völlerei einen großen Teil des Beziehungsschmerzes, vor dem sie weggelaufen sind, beseitigen können. In der Ehe können sie auch an ihrer Selbstbeherrschung arbeiten, damit sie besser zuhören können.

Wenn Sie einen Siebenjährigen lieben, sollten Sie ihn sanft daran erinnern, dass das Eingestehen seines emotionalen Schmerzes ihn nicht umbringt, sondern ein notwendiger und kathartischer Teil des Lebens ist, der ihn auf lange Sicht vor Überreaktionen bewahrt. Bieten Sie Ihren Sieben sanft die Freiheit, die Zeit und den Raum, diese Verarbeitung allein vorzunehmen, und sie werden sich immer weiter von ihren eigenen wilden Plänen entfernen und sich dafür entscheiden, Sie immer wieder mit großer Treue und Tiefe zu lieben.

Auch wenn es den Anschein hat, dass ihre Freude nie einen Landeplatz hat, so ist es doch so, und es ist sehr hilfreich für sie, bei Ihnen einen sicheren Ort zu haben, an dem sie sich ausruhen und auch tief vergrabene Gefühle der Angst verarbeiten können. Es hilft auch, wenn Sie eine Weile bleiben können, damit sie sich sicher fühlen, neben Freude oder Wut auch echte Gefühle zu zeigen und Traurigkeit und Angst zuzulassen. Machen Sie sich auch klar, dass auch diese Dinge ein Ende haben, dass sie verarbeitet werden können und dass natürlich, wie Sie selbst sehen werden, die Freude immer wieder zurückkommt, auch wenn sie jahreszeitlich anders aussieht.

- Typ sieben mit Typ eins: Sie neigen dazu, sowohl Spaß zu haben als auch verantwortungsbewusst zu sein.

- Typ sieben mit Typ zwei: Sie neigen dazu, sowohl lustig als auch überschwänglich zu sein.

- Typ sieben mit Typ drei: neigen dazu, leidenschaftlich und zielorientiert zu sein.

- Typ sieben mit Typ vier: Sie neigen dazu, sowohl Spaß zu haben als auch kreativ zu sein.

- Typ sieben mit Typ fünf: Sie neigen dazu, sowohl inspirierend als auch innovativ zu sein.

- Typ sieben mit Typ sechs: Sie sind eher lustig und praktisch.

- Typ sieben mit Typ sieben: Sie neigen dazu, sowohl kreativ als auch idealistisch zu sein.

- Typ sieben mit Typ acht: Sie sind eher energiegeladen und leidenschaftlich.

- Typ sieben mit Typ neun: Sie neigen dazu, leidenschaftlich und friedlich zu sein.

Kapitel 4 - Enneagramm-Körpertypen

Körpertypen reagieren mit einem instinktiven Bauchgefühl. Sie treten mit anderen Menschen auf der Grundlage ihres körperlichen Wohlbefindens in Kontakt und nehmen die Welt wahr, indem sie die Reaktion ihres Körpers auf das, was geschieht, spüren. Der Hauptimpuls dieser Triade besteht darin, ihre Unabhängigkeit zu bewahren und ihre Kontrolle durch äußere Einflüsse zu begrenzen. Sie reagieren darauf, indem sie zu kontrollierend, zu passiv oder zu perfektionistisch sind. Die Typen acht, neun und eins sind die körper- oder darmzentrierten Enneagramm-Typen.

Typ acht

Der Herausforderer

Achter sehen sich selbst als stark und mächtig an und versuchen, für das einzutreten, woran sie glauben. Die größte Angst des Typs Acht ist es, keine Macht zu haben, daher konzentrieren sie sich darauf, ihre Umgebung zu kontrollieren.

Achten zeichnen sich dadurch aus, dass sie mächtig sein wollen und jede Verwundbarkeit vermeiden. Sie treten gegenüber anderen selbstbewusst, durchsetzungsfähig und entschlossen auf. Achter können streitlustig und einschüchternd sein; es ist ihnen wichtig, für das einzutreten, woran sie glauben, und diejenigen zu schützen, die schwächer sind als sie selbst.

Tiefste Angst: Die Acht fürchten sich mehr als alles andere davor, verletzlich und machtlos zu sein, und bewältigen diese Angst, indem sie immer stark sind und die Kontrolle haben.

Zentrale Motivationen: Alle acht sind durch den Wunsch motiviert, unabhängig zu sein und die Kontrolle zu haben. Sie wehren sich dagegen, schwach zu erscheinen oder sich schwach zu fühlen und lehnen jede Autorität ab, die sie einschränkt.

Die wichtigsten Persönlichkeitsmerkmale der 8

- Unabhängig und autark

- Kämpferisches und selbstbewusstes Aussehen

- Entschlossenheit und Widerstandsfähigkeit

- Sehr energisch und geschäftig.

- Feurige Leidenschaften und Macht

- Hartnäckig

- Ernsthaftigkeit bei der Umweltkontrolle

Wie selten sind die Enneagramm 8?

- In einer Studie mit über 54.000 Befragten wurde festgestellt, dass Typ Achter etwa 15 % der Bevölkerung ausmachen. Typ acht ist bei Männern wesentlich häufiger anzutreffen, nämlich nur bei 12 % der Frauen gegenüber 18 % der Männer.

Enneagramm Typ 8 in der Tiefe

Zielorientiert und in sich selbst kompetent, glänzen die Herausforderer in allen Lebensbereichen und sind stolz auf ihre Unabhängigkeit und ihren scharfen Verstand. Sie halten den Kopf hoch und stehen nach jedem Stolperer wieder auf, stärker als zuvor.

Die Acht rebellieren gegen die Regeln der Gesellschaft. Die Meinung anderer hat absolut keinen Einfluss auf ihre Haltung zu einem Thema, da sie stolz darauf sind, vollkommen fähig und unabhängig zu sein.

Die Acht sind starke Verteidiger der anderen und setzen sich für Gerechtigkeit ein, bekämpfen Unterdrückung und schützen die Schwachen. Für sie besteht die Welt aus "starken" und "schwachen" Menschen: Sie sind stark und daher dafür verantwortlich, diejenigen zu schützen, die nicht stark sind.

Achten sind energisch und direkt. Dieser Typus scheut sich nicht, die Initiative zu ergreifen und schwierige Entscheidungen zu treffen. Sie haben keine Angst vor Konflikten und kümmern sich nicht immer um Grenzen oder Abgrenzungen. Sie übernehmen in der Regel die Leitung von Gruppenprojekten oder Sitzungen und fühlen sich in Führungspositionen wohl.

Als Kinder wurden sie vielleicht von ihren Mitschülern als "herrisch" bezeichnet. Viele Achter wachsen in einem konfliktreichen Umfeld auf und haben das Gefühl, dass sie schon früh im Leben eine starke Persönlichkeit entwickeln müssen, um zu überleben.

Die Herausforderer gehören zusammen mit Typ eins und Typ neun zur "körperbasierten" Triade. Die zentrale Emotion dieser Triade ist die Wut. Während die Einser und Neuner ihre Wut mehr oder weniger unterdrücken oder ignorieren, haben die Achter kein Problem damit, ihre Wut abzureagieren und drücken sie oft impulsiv aus.

Gesunde Achter sind mutige und charismatische Führungspersönlichkeiten, die für sich und andere einstehen. Weniger gesunde Achter können auf ihrem Weg zu Macht und Autorität Beziehungen ruinieren. Achter wachsen, wenn sie lernen, ihre Verletzlichkeit und Schwächen zu erkennen.

Enneagramm 8-Flügel

8w7: Der Typ Acht mit Flügel sieben ist eine Acht, die viele Merkmale mit dem Typ Sieben teilt. Dieser Typ ist energisch, enthusiastisch und kann kämpferischer erscheinen als andere Achter. Häufige Berufe für diesen Typ sind Geschäftsmann, Politiker und Rechtsanwalt.

8w9: Der Typ Acht mit Flügel Neun ist eine Acht, die ähnliche Eigenschaften wie der Typ Neun Peacemaker hat. Sie sind selbstbewusst, ruhig und im Allgemeinen geduldiger als andere Achter. Beliebte Berufe für die 8w9 sind Aktivist, Lehrer, Berater und Richter.

Enneagramm-Kernwerte 8s

- Wettbewerb, Einfluss, Macht und Kontrolle: Herausforderer sehnen sich eher nach Respekt als nach Status oder danach, von der Gruppe gemocht zu werden.

- Die Herausforderer sind bereit, ein Zeichen zu setzen und werden nicht zurückweichen. Sie sind stolz auf ihre Stärke, Ehrlichkeit und Wahrheit.

- Herausforderer haben auch ein extrem ausgeprägtes inneres Gerechtigkeitsempfinden. Loyalität spielt auch im Wertesystem des Herausforderers eine wichtige Rolle. Sie engagieren sich für diejenigen, die sich im Laufe der Zeit bewährt haben, und werden sie bis zum Ende unterstützen, egal ob die Hölle oder die Flut kommt.

- Wenn Gefahr droht und ihre Liebsten in Schwierigkeiten sind, wird der Herausforderer selbstbewusst seine Flügel ausbreiten, um sie zu schützen.

Wie man ein Enneagramm 8 erkennt

Der Herausforderer, der von Natur aus an Führungsrollen gewöhnt ist, zeigt seine Präsenz und trägt eine Aura des Vertrauens und der Selbstsicherheit in seiner Rede und seinem Auftreten.

Sie glauben im Allgemeinen an das Mantra, dass man sein Glück selbst in die Hand nehmen muss, und arbeiten sehr hart, um die Dinge zu verwirklichen, ohne Fragen zu stellen. Herausforderer sind rücksichtslos unabhängig und scheuen sich nicht vor Konfrontationen, was ihnen manchmal große Probleme bereiten kann.

Natürlich geraten sie mit Autoritäten aneinander, vor allem wenn sie auf den Klassiker treffen: "Du musst das tun, weil ich es dir gesagt habe". Respekt verdient man sich durch Vernunft und Kompetenz, nicht durch Alter oder Status.

Gesundes vs. ungesundes Enneagramm 8

Wenn sie gesund sind, können sich die Acht für die Ideen der Unterdrückten einsetzen. Sie sind starke und selbstbewusste Führungspersönlichkeiten, die das Rückgrat und die treibende Kraft einer Sache oder Gemeinschaft sein können. Ihre Energie und ihr Engagement, die Gesellschaft und sich selbst zu verbessern, erblühen zu neuen Gärten, in denen die Herausforderer ihre Samen mit Sorgfalt einpflanzen können. Für enge Freunde und Familienmitglieder sind Herausforderer großzügige und sehr fürsorgliche Menschen, die bereitwillig Schutz und Rat anbieten. Wenn sie lernen, ihre fürsorgliche Seite zu entwickeln, entstehen Dankbarkeit und Freude von innen heraus. Mit diesem neuen Gefühl der Zärtlichkeit werden sich die Herausforderer der Bedürfnisse der anderen bewusst und geben ihre "harte" Persönlichkeit freiwillig auf.

Im Durchschnitt sind Achter wettbewerbsorientiert und können Freundschaften oder Geschäftsbeziehungen als Schlachtfeld betrachten, immer auf der Suche nach der nächsten Herausforderung, die es zu gewinnen gilt. Sie sind durchsetzungsfähig und hartnäckig, aber auch selbstbewusst und kompetent. In ihrer Auszeit bewerten sie ihr Handeln kritisch und arbeiten daran, sich zu verbessern. Sie vermeiden es, sich verletzlich zu zeigen, was ein Hindernis für Verbindung und Intimität sein kann. Dies würde Schwäche zeigen, was in ihren Augen absolut inakzeptabel ist. Infolgedessen können sie als sehr ehrgeizig, aber auch als einschüchternd für ihre Mitschüler angesehen werden. Ihr Selbstvertrauen und ihre Widerstandsfähigkeit heben sie zu neuen Höhen, und jeder Misserfolg ist ein Ansporn, sich noch mehr anzustrengen.

Wenn sie ungesund ist, kann die Acht tyrannisch und einschüchternd werden und andere auf den ersten Blick erschrecken. Sie werden süchtig nach Macht und zerstören im Zorn alles, was sich ihnen in den Weg stellt. Die Gefühle und Emotionen anderer werden unbedeutend, da sie die weichere Seite der menschlichen Psyche ausblenden. Wenn ihr Machtwahn außer Kontrolle gerät, werden Herausforderer eiskalt und nehmen eine feindselige Haltung gegenüber jedem ein, der es wagt, sie und ihre Motive in Frage zu stellen. Sie können leere Drohungen einsetzen, um Macht über andere zu erlangen und bestehende Beziehungen in Prüfungen zu verwandeln, die sie nur bestehen oder nicht bestehen können. Andere wenden sich von den Herausforderern ab, weil sie meinen, es sei besser, allein zu arbeiten. Am Ende können sie sich in die Einsamkeit zwingen.

Wachstumstipps für Enneatype 8s

- **Erkundigen Sie sich, was Sie denken und fühlen, bevor Sie Entscheidungen treffen.** Als körperbetonter Typ handeln Achter instinktiv nach ihren Gefühlen, was zu impulsiven Ausbrüchen oder unüberlegten Entscheidungen führen kann. Wenn Sie den Drang verspüren, zu reagieren, nehmen Sie sich die Zeit, Ihre Gedanken und Gefühle zu sortieren, bevor Sie handeln.

- **Lernen Sie, dass Verletzlichkeit eine Stärke und keine Schwäche ist.** Achter sehen ihre rohesten und verletzlichsten Emotionen als schwach an, aber sie wachsen, wenn sie lernen, den Wert in diesen Aspekten ihrer Persönlichkeit zu sehen. Verletzlichkeit ermöglicht es den Acht, sich tiefer mit anderen zu verbinden und in ihr höheres Selbst hineinzuwachsen.

- **Entdecken Sie Ihre Grenzen.** Die energiegeladenen Acht stoßen oft an ihre Grenzen, ohne sich dessen bewusst zu sein, was sie tun. Dadurch können auch andere unbewusst an ihre Grenzen stoßen. Achten Sie mehr auf Ihre mentale und emotionale Verfassung und gönnen Sie sich bei Bedarf Zeit zum Ausruhen und Erholen.

- **Bemühen Sie sich, offener Liebe zu geben und Liebe von anderen zu empfangen.** Achter neigen dazu, andere Menschen mit ihnen oder gegen sie zu sehen. Das kann es schwierig machen, starke, authentische Beziehungen aufzubauen. Seien Sie offen dafür, Liebe freier zu geben und zu empfangen. Nicht alles muss man sich verdienen.

- **Erlauben Sie anderen, (manchmal) die Initiative zu ergreifen.** Mit Ihrem souveränen Auftreten und Ihrer direkten Herangehensweise ist die Acht eine große Führungspersönlichkeit. Aber es gibt Zeiten, in denen man zurücktreten und jemand anderem die Führung überlassen muss. Für Achter ist es wichtig zu lernen, wann es angemessen ist, anderen die Verantwortung zu überlassen.

Berühmte Enneagramm-Typ 8er

- Kamala Harris

- Martin Luther King Jr.

- Clint Eastwood

- Serena Williams

- Winston Churchill

- Barbara Walters

- Ernest Hemingway

- Königin Latifah

- Roseanne Barr

- Bernie Sanders

- Aretha Franklin

- Chelsea Handler

- Marco Cubano

- Rosa

- Toni Morrison

- Alejandría Ocasio-Cortez

- Alec Baldwin

- "Rhett Butler" (*Vom Winde verweht*)

- "Katniss Everdeen (*Die Hungerspiele*)

- "Merida" (*Brave*)

- Emily Gilmore (*Gilmore Girls*)

- "Esmeralda" (*Der Glöckner von Notre Dame*)

- Alastor Moody (*Harry Potter*)

Typ 8 in Beziehungen

Enneagramm-Typ acht in einer romantischen Beziehung konzentriert seine Aufmerksamkeit auf Leidenschaft und Intensität. Sie übertreffen oft alle anderen Typen in Bezug auf Energie und den Wunsch, dass der andere Partner sich ihrer Führung unterwirft. Achter sehen die Welt in Form von Stärke und Schwäche. Wenn ein Ehepartner sie direkt herausfordert, respektieren Achter ihren Partner, auch wenn sie ihm nicht zustimmen, da sie gerne eine Reaktion auf ihre Leidenschaft erhalten. Dadurch sind Achter hervorragend in der Lage, Konflikte zu bewältigen. Auch wenn sie intensiv erscheinen, macht es ihnen nichts aus, logisch zu argumentieren oder ihre Meinung über etwas zu ändern, wenn sie das Gefühl haben, dass ihr Ehepartner oder Partner ihren Standpunkt untermauern kann.

Achter werden auch die Menschen, die ihnen wichtig sind, mit ihrer Kraft, Energie und Macht schützen. Allerdings vergessen sie manchmal, ihre Grenzen und die Intensität des Verlangens bei allen Arten von Stimulationen zu erkennen, mit ihrem Drang, die innere Leere durch körperliche Befriedigung zu füllen. Dabei kann es sich um Verdienst, Nahrung, sexuelle Befriedigung oder jede andere Art von Befriedigung handeln. Die Acht tut gut daran, sich zurückzuziehen, tief durchzuatmen und bei Bedarf eine größere Vielfalt an kleineren Leidenschaften zu finden.

Wenn Sie eine Acht lieben, denken Sie daran, dass sie Sie innig, lange und treu lieben werden, wenn sie das Gefühl haben, dass sie Ihnen vertrauen können. Dies ist jedoch ein ziemlich großes "Wenn", denn wie die meisten Achter wissen, haben sie oft schon in jungen Jahren das Vertrauen verloren und sind auf der Hut. Sie können jedoch ihre Frustrationen sehr gut mitteilen, sind in der Regel nicht übermäßig ängstlich und haben kein Problem damit, bei Meinungsverschiedenheiten ihre Widerstandsfähigkeit und Stärke zu zeigen. Dies ist in der Tat das Geschenk der Acht.

Eine gute Wachstumspraxis besteht darin, Ihre Acht daran zu erinnern, sich selbst zu kontrollieren, anstatt immer gierig nach mehr zu streben. Sie können sie auch ermutigen, hilfsbereit zu sein, anstatt zu fordern, und einer höheren Macht zu vertrauen, anstatt immer nur ihrem eigenen Instinkt zu folgen. Die letztgenannte Tendenz kann sie manchmal davon abhalten, ihr Herz und ihre Gedanken zu integrieren, oder sie veranlassen, sich in Beziehungen zu schnell zurückzuziehen.

- Typ acht mit Typ eins: Sie neigen dazu, leidenschaftlich und voller Energie zu sein.

- Typ acht mit Typ zwei: Sie sind in der Regel sowohl lebendig als auch nützlich.

- Typ acht mit Typ drei: neigen dazu, stark und zielstrebig zu sein.

- Typ acht mit Typ vier: neigen dazu, motiviert und kreativ zu sein.

- Typ Achter mit Typ Fünfer: eher stark und verankert.

- Typ acht mit Typ sechs: neigen dazu, stark und loyal zu sein.

- Typ acht mit Typ sieben: Sie neigen dazu, leidenschaftlich und voller Energie zu sein.

- Typ acht mit Typ acht: Sie neigen dazu, stark und sehr anhänglich zu sein.

- Typ acht mit Typ neun: neigen dazu, impulsiv und einfühlsam zu sein.

Typ neun

Der Friedensstifter

Neuner schwimmen gerne mit dem Strom und lassen die Menschen um sie herum die Tagesordnung bestimmen. Typ 9 hat Angst, andere zu verärgern, indem er seine eigenen Bedürfnisse in den Vordergrund stellt, und neigt dazu, passiv zu sein.

Neuner zeichnen sich dadurch aus, dass sie ein Gefühl des inneren Friedens und der Harmonie bewahren und Konflikte oder andere emotionale Störungen vermeiden wollen. Sie sind im Allgemeinen angenehm, ruhig und leicht zu handhaben.

Neuner machen selten Ärger, aber sie können stur sein. Obwohl sie normalerweise mit dem Strom schwimmen, mögen sie es nicht, kontrolliert zu werden und reagieren mit passivem Widerstand, wenn sie zu sehr gedrängt werden.

Tiefer liegende Angst: Die Neun fürchten, zu bedürftig zu sein und die Menschen zu vergraulen. Sie bewältigen diese Angst, indem sie sich den Wünschen und Vorstellungen ihrer Mitmenschen unterwerfen: nett sein, um dazuzugehören.

Zentrale Motivationen: Die Neun sind motiviert durch ihr Bedürfnis nach Frieden und Harmonie in ihrer Umgebung und den Wunsch, Konflikte zu vermeiden und mit unangenehmen Gefühlen umzugehen.

Die wichtigsten Persönlichkeitsmerkmale der 9

- Ruhige und gelassene Haltung

- Fähigkeit, Konflikte mit Leichtigkeit zu entschärfen.

- Zen-artige Präsenz

- Sanfte und beruhigende Stimme.

- Großer Bekanntenkreis

- Die meisten Menschen mögen es im Allgemeinen

- Langsame, fließende Bewegungen und Gesten.

Wie selten sind die Enneagramm 9?

- In einer Studie mit über 54.000 Befragten wurde festgestellt, dass Typ 9 etwa 13 % der Bevölkerung ausmacht, 14 % der Frauen und 12 % der Männer.

Enneagramm Typ 9 in der Tiefe

Freundliche und angenehme Friedensstifter sind geschickte Vermittler und Berater in einer Gruppe von Freunden oder Mitarbeitern. Sie arbeiten hart hinter den Kulissen, um die Harmonie in der Gruppe konstant und reibungslos zu halten.

Als Kinder wussten sie, wie man mit jedem Klassenkameraden auskommt, was sie zu einer großartigen Ergänzung für jedes Gruppenprojekt macht. Sie können leicht die vielen verschiedenen Seiten eines Problems sehen und neigen nicht dazu, voreilige Schlüsse zu ziehen, wenn überhaupt.

Selbstgefällig und demütig, sind Friedensstifter stabil und sanftmütig und bereit, alles zu tun, damit das Schiff nicht ins Wanken gerät. Sie schätzen die kleinen Dinge, die andere tun, und die einfachen Freuden des Lebens.

Die Neun gehört zusammen mit der Acht und der Eins zur "körperbezogenen" Triade des Enneagramms. Einsen widerstehen ihrer Wut und konzentrieren sich auf Selbstbeherrschung, während Achten ihre Wut ausdrücken und sich auf die Kontrolle anderer konzentrieren. Neuner hingegen vermeiden ihren Ärger und konzentrieren sich darauf, den inneren Frieden zu bewahren.

Obwohl sie äußerlich angenehm ist, widersteht die Neun der äußeren Kontrolle wie eine Acht, nur dass sie dies passiv tut. Dies kann zu passiv-aggressiven Tendenzen führen.

Viele Neuner wachsen in einem Umfeld auf, in dem sie gezwungen waren, bei Konflikten zwischen Eltern oder anderen Familienmitgliedern eine vermittelnde Position einzunehmen. Da sie von größeren Gefühlen umgeben waren, lernten sie schon früh, ihre eigenen abzuwerten.

Gesunde Neuner sind hervorragende Vermittler und Überzeugungstäter, die anderen helfen können, unterschiedliche Sichtweisen zu verstehen. Die weniger gesunden Neuner können jedoch apathisch, übermäßig passiv und sehr selbstkritisch sein.

Die Neun wachsen, wenn sie lernen, sich tiefer mit ihrem authentischen Selbst zu verbinden, ihren eigenen Wünschen Priorität einzuräumen und ihre Wünsche und Bedürfnisse anderen gegenüber zum Ausdruck zu bringen.

Enneagramm 9: Flügel

9w8: Der Typ Neun ala Acht ist eine Neun, die viele der Eigenschaften des Typs Acht teilt. Dieser Typ ist unabhängig, sozial, anpassungsfähig und im Allgemeinen durchsetzungsfähiger und direkter als andere Neuner. Häufige Berufe sind Berater, Schriftsteller/Redakteur, Diplomat und Sozialarbeiter.

9w1: Der Typ Neun ala Eins ist eine Neun, die viele der gleichen Eigenschaften wie die Persönlichkeit des Typs Eins hat. Dieser Typ ist fleißig, freundlich, bescheiden und im Allgemeinen ernster und fleißiger als andere Neuner. Zu den üblichen Berufen dieses Typs gehören Krankenschwester, Tierarzt, Religionslehrer und Personalleiter.

Enneagramm 9s Kernwerte

- Harmonie, Freundlichkeit und Einigkeit mit der Welt. Idealistisch und mit guten Absichten streben die Friedensstifter danach, der Kitt zu sein, der die ganze Gruppe zusammenhält, sei es mit der Familie, mit Freunden oder Kollegen.

- Der schnellste Weg, das Herz eines Friedensstifters zu erreichen, besteht darin, seinen Beitrag anzuerkennen und ihm zu versichern, wie wichtig er ist.

- Friedensstifter glauben an die Kraft der Vergebung und der Akzeptanz und geben ihre Weisheit und Gelassenheit behutsam an andere weiter.

- Äußerer Komfort in Verbindung mit einem Gefühl der inneren Ausgeglichenheit machen den idealen Lebensstil der Friedensstifter aus, und sie schaffen diese Atmosphäre gerne in allen Aspekten ihres Lebens.

Wie man ein Enneagramm 9 erkennt

Friedenswächter sind soziale Chamäleons, die sich leicht an die Gruppendynamik anpassen und anderen helfen können, miteinander auszukommen. Sie sprechen leise, sind aber loyal und lustig und wissen intuitiv, wie sie jeden in ein Gespräch einbeziehen können.

Peacemaker sind kooperativ und immer bereit, jemanden in den Kreis zu lassen, der seine eigene Meinung äußern kann. Sie sind freundlich, aber fest in ihren persönlichen Positionen und bemühen sich, Spannungen abzubauen und die Harmonie in der Gruppe wiederherzustellen.

Ruhig und bereit, jeden zu tolerieren, bewahren Friedensstifter ihr Selbstwertgefühl, indem sie freundlich und hilfsbereit zu anderen sind. Sie genießen die angenehmen Seiten des Lebens und können sich in ihrem persönlichen Umfeld von der Außenwelt erholen.

Viele sind auf der Suche nach einem tieferen Sinn und schätzen die Spiritualität und das Gefühl der Verbundenheit mit dem Universum.

Gesundes vs. ungesundes Enneagramm 9

Wenn sie gesund sind, nutzen die Neun ihre natürlichen Fähigkeiten zur Konfliktlösung, um die Harmonie aufrechtzuerhalten und das soziale Fluidum in einer Gruppe zu fördern. Sie sind natürliche Berater und Lehrer mit der Gabe, zu überzeugen und zu vermitteln. Sie sind optimistisch und lebendig, haben ein starkes Selbstbewusstsein und können einen einfachen und gesunden Lebensstil vorweisen. Wenn sie sich selbst verwirklichen, können Friedensstifter einen ausgeprägten Sinn für Ehrgeiz entwickeln und die notwendigen Schritte unternehmen, um ihre ruhige Energie zur Verbesserung des Lebens und des Wohlergehens anderer einzusetzen. Sie sind ausgezeichnete Kommunikatoren und geduldig genug, um mit jeder Situation fertig zu werden. Selbstverwirklichte Friedensstifter können ihren tiefen Brunnen der Weisheit nutzen, um anderen zu helfen, ihre inneren und äußeren Konflikte zu lösen.

Wenn sie durchschnittlich sind, halten sich Neuner aus dem Rampenlicht heraus und pflegen regelmäßige Kontakte zu engen Freunden und Bekannten. Sie haben möglicherweise Probleme mit dem Aufschieben von Terminen und können ihre Arbeitsgewohnheiten oft durch konsequente Zeitplanung und sorgfältige Planung korrigieren. Für Friedensstifter ist dies ein wichtiger Prozess, der ein Leben lang andauert. Friedensstifter sind veränderungsscheu und lieben das Bequeme und Vertraute. Sie genießen die Idee eines gemütlichen Rückzugsortes, um sich von der Welt zu erholen und einfach zu entspannen. Sie neigen dazu, direkte Konfrontationen zu vermeiden und scheuen vor Problemen zurück, wenn sie auftreten.

Wenn sie ungesund sind, werden die Neun lethargisch, können sich nicht auf eine Aufgabe konzentrieren und glauben, dass sie im großen Plan der Dinge keine Rolle spielen. Sie können träge und unfähig werden, sich zu konzentrieren und zögern einfach, anstatt etwas zu erreichen. Sie navigieren auf Autopilot durch das Leben, ohne sich Ziele zu setzen oder Verbesserungen zu erreichen. Andererseits können Friedensstifter innerlich selbstkritisch werden, weil sie es versäumt haben, Pläne umzusetzen und eine feste Identität aufzubauen. Extrem gestresste Friedensstifter schaffen es oft nicht, persönliche Grenzen zu setzen, was zu Burnout und emotionaler Erschöpfung führen kann. Ihre passive Aggressivität führt dazu, dass bestehende Beziehungen belastet werden.

Wachstumstipps für Enneatype 9s

- **Achten Sie auf Ihre Wünsche und Bedürfnisse.** Neuner haben die Angewohnheit, sich selbst zu vergessen und die Wünsche und Bedürfnisse anderer Menschen zu akzeptieren. Sie befürchten, dass es zu Konflikten oder Unannehmlichkeiten führen könnte, wenn sie sich selbst in den Mittelpunkt stellen. Aber wenn Sie Ihre Wünsche unterdrücken, schränken Sie Ihr Wachstumspotenzial ein. Verbringen Sie Zeit damit, Ihre Gedanken und Gefühle ohne äußere Einflüsse zu reflektieren, um besser zu verstehen, was Sie wirklich wollen.

- **Hören Sie auf Ihren Körper.** Die Neun neigen dazu, ihre körperliche Gesundheit zu vernachlässigen, ebenso wie sie ihre geistige Gesundheit vernachlässigen können. Bewegung und Meditation können Ihnen dabei helfen, mehr Kontakt zu Ihrem Körper zu haben und besser zu verstehen, was Sie brauchen, um sich wohlzufühlen.

- **Lernen Sie, den Wert eines Konflikts zu erkennen.** Sich auszudrücken kann zu Konflikten führen, aber es führt auch zu tieferen und sinnvolleren Beziehungen. Nutzen Sie die Gelegenheit, mit anderen in Kontakt zu treten, indem Sie Ihre Meinung mitteilen und offen für Meinungsverschiedenheiten sind.

- **Üben Sie, direkter und durchsetzungsfähiger zu sein.** Wenn Sie das Gefühl haben, dass es einschüchternd ist, in Gesprächen direkt und selbstbewusst aufzutreten, üben Sie mit den Menschen, denen Sie am meisten vertrauen. Sie können daran arbeiten, sich in alltäglichen Gesprächen besser durchsetzen zu können.

- **Sich auf das Abenteuer stützen.** Neuner schätzen Routine und fühlen sich bei Veränderungen oft unwohl. Fordern Sie Ihren Widerstand gegen Veränderungen heraus, indem Sie erkunden, wie Sie Ihr Leben selbst in die Hand nehmen können. Überlegen Sie, wie Sie aus Ihrer Komfortzone heraustreten und abenteuerlustiger werden können.

Berühmte Enneagramm Typ 9s

- Marie Kondo

- Barack Obama

- Königin Elisabeth I.

- Ariana Grande

- Ronald Reagan

- Carl Jung

- Jose Campbell

- Woody Harrelson

- Gloria Steinem

- Zooey Deschanel

- Ron Howard

- Audrey Hepburn

- Morgan Freeman

- Whoopie Goldberg

- Sophia Loren

- Abraham Lincoln

- Alicia Keys

- "Dorothy Gale (*Der Zauberer von Oz*)

- "Winnie-The-Pooh" (*Winnie-The-Pooh*)

- "Luke Skywalker" (*Star Wars*)

- "Bruce Banner/Hulk" (*Der unglaubliche Hulk*)

- "Pocahontas" (*Pocahontas*)

Typ 9 in Beziehungen

Typ Neuner sind bequem und gemütlich in Beziehungen. Sie konzentrieren sich auf ihr eigenes Wohlbefinden und bereiten sich in der Regel auch gerne auf das Wohlbefinden ihres Partners vor. Mehr noch als sich selbst zu messen, konzentriert sich ein Partner auf das, was in seiner

Umgebung vor sich geht, und wird sich, solange er sich wohlfühlt, auf die Wünsche und Vorstellungen anderer einlassen. Gesunde Neun können sich selbst und ihre Ziele dennoch in den Vordergrund stellen und auch Zeit für eine aktive Selbstfürsorge finden.

Wenn die Neuner jedoch ungesund sind, können sie sich zu sehr darauf konzentrieren, sich ruhig zu verhalten oder Konflikte ganz zu vermeiden. Sie wollen um jeden Preis Harmonie erreichen, auch wenn sie Beziehungsprobleme passiv vermeiden. Andererseits können sich ungesunde Neuner manchmal so sehr darauf einstellen, was die andere Person in der Beziehung will, dass sie ein klares Gespür für ihre eigenen Bedürfnisse und Absichten verlieren.

Im Namen der Zweckmäßigkeit und der irdischen Annehmlichkeiten vergessen die friedliebenden Neun manchmal, dass Konflikte, nicht nur Harmonie, zum notwendigen Fluss des Lebens gehören. Stattdessen bleiben sie in ihrem "Schildkrötenpanzer" und vermeiden es, das metaphorische Boot in irgendeiner Weise zu schaukeln.

Im besten Fall können Neuner jedoch extrem leistungsfähig sein. Man kann sie sich wie einen großen Fluss vorstellen, der alles mit sich reißen kann, aber ein verborgenes und gestautes Energiereservoir hat. Sie haben nur sehr wenig Zugang dazu, weil sie sich nicht trauen, das Boot zu schaukeln. Aus diesem Grund sind sie im Allgemeinen die müdesten aller Typen.

Aufgrund ihrer inneren Müdigkeit und Abgeschlagenheit ist es für eine Neun wichtig, sich bewusst zu machen, was in ihrem Inneren vor sich geht. Wenn sie mutig und klug mit ihrem Partner darüber sprechen, was nicht gut läuft, ohne in Wut auszubrechen oder einen Rückzieher zu machen, sind sie auf dem richtigen Weg. Das Vermeiden von Konflikten kann sie ihre eigene Identität und Persönlichkeit kosten. Sie öffnet auch die Tür zu Depressionen, Sucht, One-Night-Stands, Dissoziation und völliger Untätigkeit.

Wenn Sie eine Neun lieben, haben Sie jemanden gefunden, der als der freundlichste, friedlichste und selbstloseste aller Typen bekannt ist. Diese Energie, die damit verbracht wird, mit den Bedürfnissen anderer zu verschmelzen, kann jedoch dazu führen, dass sie träge werden. Wenn Sie sie aufwecken müssen, können Sie sich glücklich schätzen, wenn sie sich in die von Ihnen gewünschte Richtung bewegen, da sie sich vielleicht wirklich mehr um Sie und die Beziehung kümmern als um sich selbst. Ermutigen Sie sie jedoch zu ihrer eigenen Autonomie und Selbstachtung, damit sie keine passiv-aggressive Wut zurückbehalten. Achten Sie darauf, dass Sie ihnen aktiv zuhören und innehalten, um zu sehen, was wirklich in ihnen vorgeht.

Achten Sie darauf, wenn sie laut werden, sich ungehört fühlen oder ängstlich sind. Kümmern Sie sich so gut wie möglich um diese speziellen Probleme, auch wenn sie sagen, dass es "in

Ordnung" ist. Die Erstellung täglicher Prioritätenlisten hilft auch bei den Neunern. Sie werden immer versuchen, Sie an erste Stelle zu setzen, also geben Sie ihnen die ausdrückliche Erlaubnis, sich um ihre eigene körperliche und geistige Gesundheit, Besorgungen, Arbeit, Hobbys und Bedürfnisse zu kümmern.

- Typ neun mit Typ eins: Sie sind eher nachdenklich und organisiert.

- Typ neun mit Typ zwei: neigen dazu, auf andere Rücksicht zu nehmen und rücksichtsvoll zu sein.

- Typ neun mit Typ drei: Sie sind eher lebenslustig und aufgabenorientiert.

- Typ neun mit Typ vier: Sie sind eher nachdenklich und entspannt.

- Typ neun mit Typ fünf: Sie sind eher bequem und sicher.

- Typ neun mit Typ sechs: Sie neigen dazu, sowohl einfallsreich als auch praktisch zu sein.

- Typ neun mit Typ sieben: Sie neigen dazu, friedlich und leidenschaftlich zu sein.

- Typ neun mit Typ acht: Sie sind eher anhänglich und motiviert.

- Typ Neun mit Typ Neun: Sie neigen dazu, nachdenklich und unparteiisch zu sein.

Typ eins

Der Perfektionist

Die einen legen großen Wert darauf, die Regeln zu befolgen und alles richtig zu machen. Typ 1 hat Angst davor, unvollkommen zu sein, und kann extrem streng mit sich selbst und anderen sein.

Enneagramm-Typen mögen es, Dinge korrekt und nach hohen Standards zu tun, sie halten sich strikt an Regeln und achten sehr auf Details. Sie vermeiden es auch, Fehler zu machen. Auf andere wirken sie perfektionistisch, verantwortungsbewusst und anspruchsvoll.

Sie sind in der Regel streng, wenn es um Regeln und Details geht, und werden frustriert, wenn die Dinge nicht ihren hohen Ansprüchen genügen - bei der Arbeit, in Beziehungen oder im täglichen Leben.

Tiefer gehende Angst: Manche fürchten, "schlechte Menschen" zu sein, moralisch fehlerhaft oder als unvollkommen angesehen zu werden. Sie gehen mit dieser Angst um, indem sie streng diszipliniert und sehr hart zu sich selbst (und oft auch zu ihren Mitmenschen) sind.

Zentrale Motivation: Sie streben danach, gut und ehrenhaft zu sein und ein sinnvolles Leben zu führen. Sie suchen nach dem besten und richtigen Weg, Dinge zu tun.

Wichtige Persönlichkeitsmerkmale von 1

- Seriös und direkt im Gespräch.

- Im Einklang mit Zweckmäßigkeit und Sparsamkeit.

- Fleißig und gewissenhaft als Mitarbeiter.

- Hohe interne Standards

- Starrheit bei Plänen und Entscheidungen

- Intensive Konzentrationsfähigkeit.

- Natürliches Talent zum Unterrichten und Anleiten

Wie selten sind Enneagramme 1?

- In einer Studie mit mehr als 54.000 Befragten wurde festgestellt, dass Typ 1 etwa 10 % der Bevölkerung ausmacht. Es gibt keinen geschlechtsspezifischen Unterschied in der Verteilung von einigen, sie machen 10% der Frauen und 10% der Männer aus.

Enneagramm Typ 1 in der Tiefe

Perfektionisten sind verantwortungsbewusste und ernsthafte Pragmatiker. Sie wollen einen Sinn in ihrem Leben finden, insbesondere die Fähigkeit, das Wohlergehen der Menschen zu verbessern und etwas für das Gemeinwohl zu tun.

Zu diesem Zweck suchen sie nach bestem Wissen und Gewissen nach Lösungen, die in der realen Welt anwendbar sind. Sie haben ein tiefes Verständnis und Interesse für ethische Fragen und nehmen sich oft Zeit, ihren moralischen Kompass zu überprüfen und gegebenenfalls anzupassen.

Sie haben oft eine klare Lebensaufgabe vor Augen und arbeiten hinter den Kulissen sehr hart daran, diese kraftvolle Vision in die Realität umzusetzen, mit einem ausgeprägten Sinn für Pflicht und Beharrlichkeit. Sie sind ruhig und kontrolliert und halten sich an ihre Worte und Zusagen.

Perfektionisten sind bereit, die Extrameile zu gehen, um sicherzustellen, dass ihre Arbeit erstklassig und perfekt ausgewählt ist. Sie sind stolz darauf, optimierte Zeitpläne und Pläne zu erstellen, um die Aufgaben so effizient wie möglich zu erledigen: Optimierung ist eine Lebenseinstellung.

In der Struktur des Enneagramms gehören die Einsen zusammen mit den Typen Acht und Neun zur "körperbezogenen" Triade. Dieser Dreiklang konzentriert sich auf die Kernemotion Wut, mit der der Typus umgeht, indem er sein Leben auf Ordnung und Kontrolle ausrichtet.

Der Perfektionist ist der Meinung, dass er, wenn er alles organisiert und unter Kontrolle hat, sich keine Sorgen über negative emotionale Erfahrungen wie Ärger und Frustration machen muss. Da dieser Typus Wut als "falsch" ansieht, wird er sie unterdrücken, was letztlich zu Gefühlen der Verbitterung, des Selbsthasses und des Bedauerns führen kann.

Typische Kinder wachsen oft in einem Umfeld auf, in dem viel Chaos und Unsicherheit herrscht. Aus diesem Grund fühlen sich die Betroffenen oft dafür verantwortlich, alles zusammenzuhalten. Solange sie die Ordnung aufrechterhalten können, glaubt der Typ eins, dass alles "in Ordnung" ist.

Weil sie glauben, dass sie immer Recht haben, können sie sich selbst und andere übermäßig kritisch betrachten. Gesunde Menschen lernen, Unvollkommenheit zu akzeptieren und sich selbst und andere so anzunehmen, wie sie sind, anstatt sich darauf zu konzentrieren, wie sie sein "sollten".

Enneagramm 1: Flügel

1w9: Typ eins Enneagramm-Persönlichkeiten mit einem Typ neun-Flügel haben alle Hauptmerkmale des Typs eins, ähneln aber in mancher Hinsicht auch dem Typ neun. Sie sind im Allgemeinen ruhiger als andere Typen und haben einen ausgeprägten Sinn für Recht und Unrecht. Sie sind offener für neue Ideen und Perspektiven als ein typischer Mensch. Sie können auch ruhiger und zurückgezogener wirken als andere Typen. Wie der Typus Neuner sucht dieser Typus den Frieden und vermeidet Konflikte. 1w9 werden von Berufen in der Psychologie, der Sozialarbeit, dem Journalismus und der Politik angezogen.

1w2: Enneagramm-Typ Eins mit Flügel-Zwei-Persönlichkeiten haben alle Hauptmerkmale des Typs Eins, ähneln aber auch in vielerlei Hinsicht dem Typ Eins. Diese konzentrieren sich mehr auf den Lebensunterhalt anderer Menschen und setzen sich für Dinge ein, die die Bedürfnisse der Menschen erfüllen. Sie können übermäßig kontrollierend oder kritisch gegenüber anderen Menschen auftreten, um ihnen zu helfen, die "beste Version" ihrer selbst zu werden. Wie Typ zwei möchte auch dieser Typ helfen und sich geschätzt fühlen. Die 1w2 fühlen sich zu Berufen in den Bereichen Medizin, Recht, Religion und soziale Gerechtigkeit hingezogen.

Enneagramm-Kernwerte 1

- Der Wunsch, jeden Aspekt ihres Lebens zu verbessern. Sie sind bestrebt, ihr Handeln mit ihren Werten und Grundsätzen in Einklang zu bringen, und sie arbeiten sehr hart daran, dieses Ziel zu erreichen.

- Verantwortlichkeit und Sorgfalt sind die Eckpfeiler der Werte eines Perfektionisten. Sie sind bestrebt, verantwortungsbewusst zu handeln und die Funktionalität verschiedener Produkte und Systeme zu schätzen.

- Integrität ist ein Schlüsselfaktor für ihre Lebensentscheidungen und bewährt sich im Laufe der Zeit. Loyalität, Fairness und Ehrlichkeit sind die grundlegenden Zutaten, die den realistischen Charakter eines Perfektionisten ausmachen.

Wie man ein Enneagramm 1 erkennt

Ein klares und organisiertes Leben, sowohl innerlich als auch äußerlich, ist das ultimative Ziel des Perfektionisten. Perfektionisten sind standhaft und fleißig und versuchen, den Zustand der Welt durch Absicht und Vernunft zu verbessern. Sie haben ein klares Pflichtbewusstsein und fühlen sich verpflichtet, der Gesellschaft mit Willen und Beständigkeit zu dienen.

Ihre Art der Kommunikation ist in der Regel direkt, ehrlich und überlegt. Sie haben wenig Geduld für Smalltalk und erledigen ihre Aufgaben auf zurückhaltende Weise. Modetrends spielen für sie keine Rolle: Sie investieren lieber in hochwertige Stücke, die lange halten. Und in Beziehungen haben sie eine ähnliche Einstellung. Sie sind loyale und gewissenhafte Partner, die auch hohe Ansprüche an sich selbst und ihren Partner stellen.

Mit ihrem scharfen Urteilsvermögen streben sie nach Karrieren beim Militär, in der Justiz, in der Forensik, im Finanzwesen und in der Wissenschaft. Vielleicht engagieren sie sich auch in gemeinnützigen und bürgerlichen Organisationen, da sie sich danach sehnen, die Welt positiv zu verändern.

Am Arbeitsplatz führen sie ihre Aufgaben sorgfältig und methodisch aus. Ein Perfektionist kann der Star unter den Mitarbeitern sein, der die Extrameile geht, um alle Arbeiten auf hohem Niveau zu erledigen.

Gesundes vs. ungesundes Enneagramm 1

Wenn sie gesund sind, sehen sie einen großen Spielraum für Verbesserungen und akzeptieren das dynamische Chaos des Lebens, wie es ist. Sie haben einen ausgeprägten Sinn für Gerechtigkeit und Fairness und sind bereit, die Vielfalt der Menschen zu tolerieren und zu verstehen, um im Interesse des Gemeinwohls weiter voranzukommen. Der Perfektionist schafft ein ideales Gleichgewicht zwischen Arbeit und Leben und weiß, wie er sich entspannen kann.

Wenn sie durchschnittlich sind, organisieren und unterteilen sie alle Aspekte ihres Lebens, folgen strengen Idealen und engagieren sich wahrscheinlich für verschiedene soziale Belange. Dies zeigt sich in ihren beruflichen oder persönlichen Aktivitäten und in ihrer Zugehörigkeit zur Gesellschaft. Perfektionisten sind oft rigide Workaholics, die ihre emotionalen Bedürfnisse unterdrücken, um Dinge zu erledigen.

Wenn sie ungesund sind, verlieren sie den Bezug zur Realität und konzentrieren sich auf irrelevante Faktoren. Dies kann zu einer Spirale von selbstbestätigenden Vorurteilen bis hin zu Besessenheit und Zwang führen. Sie können die Meinung anderer diskreditieren und wählerisch werden, um ihr verzerrtes Selbstbild in Schach zu halten. In diesem Zustand gibt es wenig Spielraum für Fehler, und Perfektionisten können in Explosionen von Ärger und Wut ausbrechen, wenn ihre Prinzipien angegriffen werden.

Wachstumstipps für Enneotype 1

- **Seien Sie freundlicher zu sich selbst.** Unter extremen Bedingungen oder unter Stress können Typen so hart zu sich selbst sein, dass sie sich unglücklich fühlen können. Es ist wichtig, den inneren Kritiker zu entlasten. Überlegen Sie, wie sich ein enger Freund fühlen würde, wenn Sie ihm dieselbe Kritik vorbringen würden.

- **Erkennen Sie an, dass nicht jeder dort ist, wo Sie sind.** Sie können großartige Kollegen, Lehrer, Partner und Freunde sein, aber oft lassen ihre eigenen hohen Ansprüche sie anderen gegenüber als voreingenommen, zu starr und harpyisch erscheinen. Es ist wichtig zu lernen, Menschen so zu akzeptieren, wie sie sind, und innezuhalten (oder sich zumindest zu zügeln), bevor man zu belehrend oder pingelig wird.

- **Seien Sie flexibel und offen für externe Perspektiven.** Es ist großartig, moralische Klarheit und solide Prinzipien in seine Arbeit und sein Leben einzubringen, und es hat viele von der Sorte befähigt, die wichtige soziale Bewegungen angeführt haben (wie Mahatma Gandhi und Nelson Mandela). Entscheidend für die Wahrung des Gleichgewichts ist es jedoch, bescheiden zu bleiben und diese Wahrheiten zu leben (anstatt sie nur zu predigen) und zu verstehen, dass Menschen auch andere Standpunkte einbringen können.

- **Schaffen Sie ein gesundes Gleichgewicht zwischen Arbeit und Privatleben.** One's neigen dazu, Workaholics mit außerordentlicher Konzentration zu sein, was zu großem beruflichem Erfolg führen kann, wie mehrere Typ One's beweisen, die den Gipfel ihrer eigenen Bereiche erreicht haben (von Michelle Obama über Captain "Sully" Sullenberger bis hin zu Tina Fey). Aber es ist wichtig, dass man sich bewusst ist, dass man die vielen langen Nächte im Büro mit Zeit für Beziehungen, Familie, Gesundheit und das eigene Wohlbefinden ausgleichen muss.

- **Erleichtern Sie sich!** Das mag "leichter gesagt als getan" sein, aber der Weg zum Wachstum liegt darin, dass man lernt, nicht alles im Leben so ernst zu nehmen. Achten Sie auf die Albernheiten in sich selbst und in der Welt um Sie herum, und nehmen Sie sich Zeit, sich zu entspannen und präsent zu sein.

Berühmtes Enneagramm Typ 1

- Martha Stewart

- Ruth Bader Ginsburg

- Michelle Obama

- Nelson Mandela

- Tina Fey

- Mahatma Gandhi

- Kapitän "Sully" Sullenberger

- Steve Jobs

- Margaret Thatcher

- Eleanor Roosevelt

- Hillary Clinton

- Meryl Streep

- Elizabeth Warren

- Kate Middleton

- Brené Brown

- Jane Fonda

- Emma Watson

- "Mary Poppins" (*Maria Poppins*)

- "Hermine Granger" (*Harry Potter*)

- "Ned Stark (*Games of Thrones*)

- "Steve Rogers (*Captain America*)

Typ 1 in Beziehungen

Enneagramm-Persönlichkeiten in einer Beziehung können ein Gleichgewicht von Güte, Produktivität und Spaß in den Mix bringen, von dem die meisten von uns nur träumen können. Allerdings neigt man auch dazu, Fehler bei sich selbst und seinen Partnern zu bemerken.

Wenn die Frustration in romantischen Beziehungen ein hohes Niveau erreicht, weisen sie daher innerlich auf die Fehler ihres Partners hin, wobei sie sich auf die Logik stützen, aber in der Regel nichts über diese Kritik sagen. Diese Spannung kann lange anhalten, da sie dazu neigen, ihre Wut zu unterdrücken, und sich ihrer manchmal nicht einmal bewusst sind. Diese Unterdrückung rührt von der Überzeugung her, dass sie "böse" sind, wenn sie Wut empfinden, anstatt zu erkennen, dass Konflikte zum Leben dazugehören.

Wenn sie jedoch endlich den Mut aufbringen, ihre Frustration einem Partner oder Ehepartner gegenüber zum Ausdruck zu bringen, hat dieser den Ärger oft schon in gewisser Weise "gespürt" und reagiert empfindlich auf die Kritik des anderen. Dies kann die Polarisierung eines Paares verstärken, da der logisch denkende Partner sich weigert, den anderen mit Sanftheit zu empfangen. Stattdessen beharren sie auf ihrer eigenen starren Position und sind noch mehr davon überzeugt, dass sie Recht haben.

An diesem Punkt kann es zu Feindseligkeit kommen, da sie glauben, dass ihre Handlungen richtig sind, und versuchen werden, die Dinge zu erzwingen. Aus diesem Grund ist es für uno's wichtig, die innere Arbeit des Loslassens ihrer Kontrolle und ihres Wunsches nach Perfektion an eine höhere Macht zu üben. Ebenso sollten sie dafür sorgen, dass sie sich selbst durch Achtsamkeit, Meditation, regelmäßige Massagen oder Sport pflegen.

Wenn gesunde Wesen erkennen, dass die Gabe der Rechtschaffenheit, Gerechtigkeit und Güte, die sie in die Welt bringen, die Quelle ihrer Anziehungskraft ist und dass sie nicht für den endgültigen Ausgang jeder Situation verantwortlich sind (einschließlich des Loslassens einer höheren Macht, wenn sie spirituell veranlagt sind), können sie sich in einer Beziehung entspannen. So können sie sich besser um ihre Beziehung kümmern und sich gegebenenfalls sogar entschuldigen, was für einen Menschen nicht immer selbstverständlich ist.

Wenn Sie einen Partner lieben, denken Sie daran, dass er, auch wenn er gesund ist, die Dinge gerne besser macht! Ihr größtes Bedürfnis in der Beziehung ist es, Zeit zu finden, um die Welt als Team zu verbessern und sich dann zu entspannen. Dies ist nicht nur ihr Wunsch, sondern ihr Geschenk.

Wenn Sie sich für einen Partner entscheiden, sind Sie auf dem besten Weg zur Verbesserung. Manchmal hat man sie deshalb unbewusst gewählt, weil man wusste, dass sie einen auf dem richtigen Weg halten würden! Die Einsen gehören zur Zorn-Trias des Enneagramms. Sie neigen zu Wut und einer harten, kritischen Stimme, die sich sowohl nach innen als auch nach außen wenden kann. Warum sind sie nicht besser? Sie sind oft ihr eigener größter Kritiker. Mit diesem Wissen sollten Sie die Selbstfürsorge fördern und versuchen, sich daran zu erinnern, dass Ihr Partner versucht, Sie zu reformieren, weil Sie darauf eingestellt sind, die Probleme zu sehen. Dann arbeite an deinen Sachen. Nehmen Sie es jedoch nicht an, wenn es nicht Ihnen gehört. Lenken Sie sie auch in Richtung Spaß als Belohnung nach mittleren bis großen Abschnitten harter Arbeit in einer Beziehung!

Wenn Sie mit einer Person zusammen sind, erinnern Sie sie daran, dass Sie vielleicht andere Gaben haben als sie. Lassen Sie sie wissen, dass Sie nie aufgeben werden, sich selbst zu verbessern, aber dass Sie nicht wollen, dass sie Sie beurteilen oder kritisieren. Helfen Sie ihnen zu verstehen, wie sie die Dinge positiver sehen können, und erkennen Sie, dass ihre Gabe, Fehler zu sehen, positiv sein kann, aber auch negative Auswirkungen auf Sie haben kann. Dieses Gleichgewicht zu finden, kann ein lebenslanges Problem sein, an dem man in allen seinen Beziehungen arbeiten muss.

Typ-1-Kompatibilität nach Art des Partners

- Typ eins mit Typ eins: Sie neigen dazu, sowohl organisiert als auch erfolgreich zu sein.

- Typ eins mit Typ zwei: Sie neigen dazu, fair und liebevoll zu sein.

- Typ eins mit Typ drei: neigen dazu, verantwortlich und durchsetzungsfähig zu sein.

- Typ eins mit Typ vier: Sie sind eher organisiert und kreativ.

- Typ eins mit Typ fünf: Sie sind eher praktisch und zielgerichtet.

- Typ eins mit Typ sechs: sind eher planungs- und pflegeorientiert.

- Typ eins mit Typ sieben: Sie neigen dazu, verantwortungsbewusst und lustig zu sein.

- Typ eins mit Typ acht: Sie neigen dazu, energisch und leidenschaftlich zu sein.

- Typ eins mit Typ neun: Sie neigen dazu, unparteiisch und reflektiert zu sein.

CPSIA information can be obtained
at www.ICGtesting.com
Printed in the USA
LVHW022350121022
730514LV00005B/152